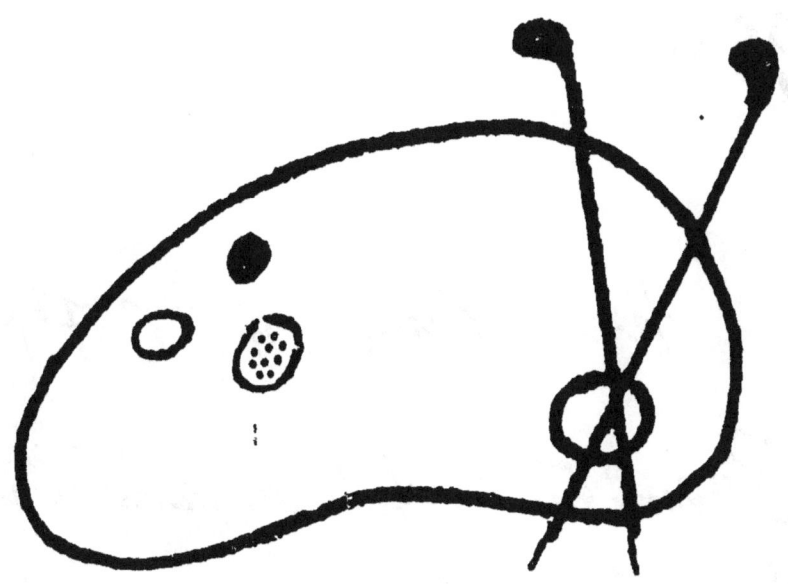

Couvertures supérieure et inférieure
en couleur

8 M
9660

par Masson (C.F.Ph.)
Première édition, non expurgée.
La 2ᵉ, Paris, 1804, est
inv. M. 17.848

MÉMOIRES SECRETS
SUR
LA RUSSIE.

TOME PREMIER.

MÉMOIRES SECRETS

SUR

LA RUSSIE,

ET PARTICULIÈREMENT SUR LA FIN
DU RÈGNE DE CATHERINE II
ET LE COMMENCEMENT DE CELUI DE
PAUL I.

*Formant un tableau des moeurs de St. Péters-
bourg à la fin du XVIIIe siècle.*

Et contenant nombre d'anecdotes recueillies pendant
un séjour de dix années,

sur les projets de Catherine à l'égard de son fils, les bizarreries de ce dernier, le mariage manqué de la grande-
duchesse ALEXANDRA avec le roi de Suède, et le
caractère des principaux personnages de cette cour, et
nommément de SOUVOROW.
Suivies de remarques sur l'éducation des grands seigneurs,
les moeurs des femmes, et la religion du peuple.

TOME PREMIER.

PARIS, chez CHARLES POUGENS;
Imprimeur-libraire, quai Voltaire N°. 10.
An VIII. (1800.)

TABLE DES MATIÈRES
CONTENUES
DANS LE Ier VOLUME.

PRÉFACE.

PREMIER CAHIER. Séjour du roi de Suède à Pétersbourg.

Détails et anecdotes concernant son mariage projeté avec la grande-duchesse Alexandrine. Son portrait: celui de cette jeune princesse. Remarques sur ce mariage manqué. Les princesses d'Allemagne mandées en Russie. Mariages des grands-ducs ; et détails sur leurs épouses, et la pompe de la cour à cette époque.

SECOND CAHIER. Catherine II.

Détails sur sa maladie et sa mort. Son portrait. Son caractère. Observations sur sa cour, ses courtisans, ses ministres. Influence de la révolution française sur son esprit. Si Catherine protégea les lettres. Ses ouvrages. Moeurs et monumens de son règne.

Table

TROISIÈME CAHIER. Des favoris.

Catherine érige leurs fonctions en charge de cour. Son tempérament et sa générosité en amour. Son impudeur. Installation de Zoubow. Suite des douze favoris en titre. Dernières débauches de Catherine. Petit hermitage : petite société. Réticence.

QUATRIÈME CAHIER. Avénement de Paul.

Conduite et projets de Catherine à l'égard de son fils. Il est proclamé. Ses premières démarches comme empereur. Honneurs funèbres rendus à son père et à sa mère. Mesures rigoureuses envers les gardes. La Wachtparade. Graces et disgraces. Ses occupations. Proscription des chapeaux ronds et des attelages russes. Etiquette rétablie : ses suites ridicules ou barbares. Changemens dans le militaire, dans le civil. Les paysans. Soldatomanie. Bureau pour les suppliques. Finances. Valet de chambre favori.

CINQUIÈME CAHIER. Paul devoit-il craindre le sort de Pierre III ?

Parallèle entre Paul et son père. Portrait de l'impératrice actuelle, du grand-duc Alexandre, du grand-duc Constantin, de Zoubow, de N. Soltykow, d'Ostermann, de Samoïlow, de Markow,

DES MATIÈRES.

d'Arkarow, *de Repnin*, *de Souvorow*, *de Valérien Zoubow*. Traits du caractère de Paul et de ceux de ses principaux courtisans ou ministres. Son portrait. Anecdotes sur sa conduite, étant grand-duc.

MÉMOIRES SECRETS
SUR
LA RUSSIE.

PRÉFACE.

Ce n'est point un voyage que j'écris, mais le résultat d'un long séjour en Russie. Qu'on ne cherche donc point, dans cet ouvrage, des descriptions géographiques plus ou moins exactes et déjà mille fois répétées, ni des aventures de route et d'hôtellerie. Mon but est de livrer au public des remarques et des anecdotes plus intéressantes sur un pays et sur une nation qui méritent d'être bien connus, et qui sont dignes d'un meilleur gouvernement. Je veux communiquer au philosophe et au moraliste mes observations sur cet empire immense, en prenant pour centre la cour où je me trouvois, et pour époque principale la mort de Catherine et l'avénement de son fils. J'espère laisser à l'historien quelques matériaux sur le règne le plus brillant des derniers siècles, et sur le caractère de la femme la plus puissante et la plus célèbre, qui ait occupé un trône depuis Sémiramis.

Ce que je dirai de l'homme bizarre qui lui a succédé, et des personnages qui ont figuré ou figurent encore sur les marches de ce même trône, ne sera sûrement pas la partie la moins piquante de ces mémoires. Je

PRÉFACE.

n'écris que ce que j'ai vu, entendu, senti ou éprouvé moi-même : et, si la vérité porte un caractère inimitable, j'ose croire qu'on la reconnoîtra dans mon ouvrage [a].

Annonçant un tel projet, il est bien juste de déterminer la confiance que l'on doit m'accorder : je ne puis mieux y parvenir, qu'en mettant le lecteur à même de juger si j'ai été dans le cas de recueillir des faits, et de consigner des observations qui la méritent. En faisant la connoissance de l'auteur, il pourra mieux apprécier l'ouvrage : il verra si j'ai pu savoir assez pour dire autant, et quelquefois si peu.

J'ai déjà publié quelques petits ouvrages, où je ne me suis pas nommé, parce qu'ils étoient purement littérai-

[a] Ce que je rapporterai de postérieur à mon expulsion de Russie, ne peut avoir la même authenticité; mais j'ai lieu de le croire tout aussi vrai.

res, et n'intéressoient que ma vanité. Mais aujourd'hui que j'ose parler, avec hardiesse et franchise, d'une grande nation, d'une cour pompeuse, d'une souveraine presque déifiée, et surtout d'un tyran aussi vindicatif que puissant, je me ferai connoître. Je prétends écrire des mémoires utiles, et non une satyre ou un panégyrique 1 : je dois compte des choses que je dis et des jugemens que je porte, aussi bien que de l'influence que cela peut avoir. N'en lisez pas davantage, ô vous qui ne voulez voir autour du trône des tzars que des esclaves et des adorateurs ! baissez votre front servile, et fermez ce livre : il y a des vérités.

La proscription, dont j'ai été victime en Russie, ne m'a point inspiré ces mémoires ; mais c'est peut-être l'indignation qui me donne le courage de les publier : on verra d'ailleurs que

PRÉFACE.

mes parens et mes amis de Russie m'ont sommé de le faire, au nom de l'honneur et pour ma justification. Eh! n'est-ce point à l'indignation à révéler ce qu'une coupable reconnoissance peut engager à taire? Il ne faut pas moins que le plus juste ressentiment pour m'enhardir à parler, comme je le ferai, des derniers événemens qu'a vus la Russie, tandis que j'erre encore sans patrie et sans asyle. Les despotes ont les oreilles aussi longues que les bras : je sais et j'éprouve qu'ils entendent et atteignent de loin; n'importe ! j'aurai dit. Ils peuvent enchaîner et faire mourir : moi, je puis penser et écrire. Je tâcherai d'user de ce droit innocent, avec plus de modération qu'ils n'exercent leur puissance.

J'avois, dès long-tems, commencé ces notes dans le palais des tzars, et à une époque où des sentimens moins exaspérés m'animoient. Je rassemblois en silence des matériaux informes, que j'espérois emporter un jour : mais la catastrophe qui m'attendoit m'a, comme on le verra, contraint de les jeter au feu; il ne m'en reste que quelques fragmens que j'avois eu occasion de laisser en Allemagne. La vérité ne souffrira point de cet inconvénient; mais le nombre des faits et des anecdotes en sera de beaucoup diminué, et l'ouvrage en deviendra peut-être moins piquant : je ne pourrai même plus lui donner la forme régulière de mon premier plan; il s'y trouveroit des lacunes que je ne suis plus à portée de remplir, car ma foible mémoire est en ce moment la seule ressource qui me reste à cet égard.

On a, dans ces derniers tems, beaucoup écrit sur la Russie : les Français l'ont fait très-superficiellement; les Anglais, en voyageurs qui notent tout ce qui se trouve sur leur chemin; et les Allemands, en flagorneurs 2. Je me sens moi-même, je l'avoue, une grande prévention en faveur des Russes; elle m'est inspirée par leurs bonnes qualités; par l'hospitalité, l'estime et l'amitié, qu'ils m'ont accordées pendant dix ans: mais celle que j'ai contre leur gouvernement me servira à la balancer; elle est fondée sur les horreurs que j'ai vues ou éprouvées.

J'espère donc garder un juste équilibre entre la reconnoissance que je dois à la nation, et l'indignation que je dois à son gouvernement; entre l'admiration qu'imposent des faits éclatans, et le mépris qu'inspirent ceux qui prétendent en recueillir la gloire. Au reste, la différence de ces sentimens n'influera jamais sur le fond des choses: on la reconnoîtra, tout au plus, à une épithète plus douce ou plus amère échappée à mon coeur.

Je n'imiterai point ces écrivains, qui, sous prétexte de livrer des mémoires et des anecdotes sur un pays qu'ils ont parcouru, s'immiscent dans les affaires particulières, et dévoilent des scènes de famille peu intéressantes pour l'étranger. C'est bien mal reconnoître l'hospitalité dont on a joui dans un empire, que d'en dénigrer les habitans. D'après ces principes, je m'abstiendrai de toucher aux détails quelquefois bien piquans de l'intérieur de plusieurs maisons, où l'on retrouve des moeurs et des pratiques d'un autre monde et d'un autre siècle. Mais je déclare que je regarde les moeurs, les actions, la réputation de tout homme public, comme appartenans au public. A quel autre tribunal peut-on les traduire, ces hommes en place, qui ne respectent rien que leur tyran, qui croient pouvoir impunément afficher les vices et braver leurs contemporains; ces hommes puissans qu'on n'ose nommer qu'au milieu des circonlocutions les plus fades et les plus adulatrices? Ils ressemblent à ces drogues d'apothicaire qui font horreur à nu, et qu'on ne peut présenter qu'enveloppées dans l'or ou l'argent.

Loin de moi donc cette lâche circonspection qui m'empêcheroit de parler des tyrans pendant leur vie! cette vie est tout pour eux; en est-il une seconde pour les méchans? est-il une postérité pour les lâches? Après moi le déluge, disent-ils : que la haine et l'exécration marchent au moins à côté d'eux! Voilà les personnages que je m'efforcerai de traîner et d'immoler sur l'autel de la raison. Puissent les traits, dont j'ose les peindre dans mon asyle, les atteindre et les confondre! Je croirai d'ailleurs bien mériter de la nation russe, en usant de ma liberté pour la venger autant que je puis; en ayant le courage de publier ce que les honnêtes gens pensent, et en livrant à l'indignation de l'Europe ceux qui sont les fléaux et la honte de l'humanité.

Au surplus, ce n'est point par mon nom seul que je prétends me faire connoître, mais par la partie de mon histoire relative à ces mémoires. Qu'apprendroit mon nom à ceux qui ne me connoissent point? Les autres sauront bien me deviner à mon récit; et ce sont eux que je prends à témoins de sa véracité.

Avis de l'Éditeur.

Nous sommes fâchés que des considérations de la dernière importance et des circonstances extraordinaires nous forcent à renvoyer à une autre place le récit intéressant qui suivoit cette introduction. En le lisant on se seroit convaincu que les différens postes que l'auteur de ces mémoires a occupés en Russie, ses relations intimes avec tout ce qu'il y a de grand et d'influant à la cour de St. Pétersbourg, le temps enfin de son séjour au milieu de cette cour, donnent à son ouvrage toute l'authenticité que le juge le plus sévère pourroit désirer. Le lecteur auroit appris à connoître le caractère, les principes et la vie de l'écrivain; et cette connoissance lui auroit garanti sa véracité. Au reste, il nous semble que la lecture seule de ces mémoires suffit pour se convaincre de leur exactitude : nous croyons, comme l'auteur, que dans chaque ligne qu'il a *tracée, on reconnoîtra les traits inimitables de la vérité.*

Le public ne sera pourtant pas privé d'une partie aussi essentielle de cet ouvrage : nous la lui donnerons dans un troisième volume, avec la suite de ces mémoires, qui sera d'autant plus piquante qu'un ami qui jouit de la réputation d'un homme très-probe, fournira, pour ce supplément, des matériaux qui contiennent un grand nombre de faits historiques, politiques et militaires, en partie très-récents, et dont l'auteur ne pouvoit pas avoir connoissance, ayant quitté la Russie en 1797. Nous espérons que les circonstances nous permettront bientôt de satisfaire à la juste impatience du public, par la publication de ce supplément.

Paris 1799.

Notes de la Préface.

1.

En sollicitant l'indulgence pour les inégalités et les incorrections d'un style, qu'on trouvera peut-être hérissé de germanismes et de slavicismes, mais bien pardonnables à un Français expatrié dès l'enfance, je n'en demande point pour plusieurs particularités qui semblent indifférentes. On sentira bientôt qu'en ambitionnant d'intéresser mes compatriotes, mon but est aussi d'écrire pour les Russes, qui me liront un jour, à ce que j'espère, et qui me comprendront.

2.

Il faut en excepter les observations du comte Sternberg, et quelques bons ouvrages postérieurs, qui viennent d'éclairer l'Allemagne.

# PREMIER CAHIER.

SÉJOUR DU ROI DE SUÈDE A PÉTERSBOURG.

SÉJOUR DU ROI DE SUÈDE
A PÉTERSBOURG.

Détails et anecdotes concernant son mariage projeté avec la grande-duchesse Alexandrine. Son portrait : celui de cette jeune princesse. Remarques sur ce mariage manqué. Les princesses d'Allemagne mandées en Russie. Mariages des grands-ducs; et détails sur leurs épouses, et la pompe de la cour à cette époque.

La paix de Véréla ayant réconcilié Catherine et Gustave, on vit bientôt régner entre eux des procédés et des attentions qui contrastoient singulièrement avec la haine, l'acharnement et les invectives, qu'ils s'étoient prodigués pendant la guerre. Les officiers des deux nations s'empressèrent également de se témoigner l'estime qu'ils s'étoient mutuellement inspirée; car, à l'exception des *Cosaqueries de Denisow* [1], cette guerre différa, dans sa conduite, de celles que les Russes ont coutume de faire. Ils trouvèrent dans les Suédois des ennemis dont l'urbanité égaloit la valeur; et le Russe bien élevé, se piquant de ces qualités lui-même, les distingue dans les autres.

Le comte Stackelberg, célèbre par son ambassade ou plutôt par son règne en Pologne, fut envoyé en Suède; et Catherine, qui ne put vivre en paix avec ses voisins qu'autant qu'ils lui furent soumis ou dévoués, chercha de nouveaux moyens pour y rétablir une influence, que les talens et la fermeté de Gustave avoient détruite. Marier une des jeunes grandes-duchesses au prince royal, devint dès lors son projet favori : on prétend même que cette alliance faisoit une clause secrète des articles de paix. Ce qu'il y a de certain, c'est que la grande-duchesse Alexandrine étoit élevée et grandissoit dans l'espérance d'être un jour reine de Suède : tout ce qui l'environnoit la confirmoit dans cette idée, et l'entretenoit des agrémens et des qualités précoces du jeune Gustave. L'impératrice même lui en parloit souvent en riant. Un jour, elle ouvrit un portefeuille où se trouvoient les portraits de plusieurs princes à marier, et la pressa de désigner celui qu'elle choisiroit pour mari : la petite, en rougissant, montra celui dont on lui avoit raconté tant de jolies choses, et qui étoit déjà l'amant de son imagination naissante. La bonne grand'mère, ne faisant pas attention que sa petite-fille savoit lire, et avoit reconnu le prince de Suède à son nom mis au bas du portrait, se persuada que c'étoit un coup de sympathie qui avoit décidé en sa faveur, et suivit son projet avec un nouveau plaisir.

Il est certain que plusieurs personnes, qui approchoient le jeune Gustave, cherchoient à faire naître les mêmes sentimens dans son coeur; mais je ne sais si le roi son père, si entier et si despote lui-même, eût enfin consenti à cette alliance, aussi sortable entre les deux jeunes amans qu'elle l'est peu entre les deux états. Quoiqu'il en soit, la mort funeste et subite de Gustave renversa les plans de Catherine. Ils n'étoient rien moins que de l'envoyer, à la tête de ses Suédois, jouer en France le rôle qu'avoient jadis joué en Allemagne et en Pologne Gustave Adolphe et Charles XII, dans l'espérance qu'il y trouveroit la même fin; tandis qu'elle se prépareroit à jouer en Suède celui de régente d'un roi mineur et orphelin, qu'elle auroit pris avec son royaume sous sa garde maternelle.

Mais le duc de Sudermanie, ayant saisi les rênes de l'état pendant la minorité de son neveu, se montra directement opposé au système russe. Moins galant chevalier que son frère, il ne se trouvoit pas disposé à sacrifier son pays pour les dames : il rendoit à Catherine la haine qu'elle avoit conçue pour lui pendant la guerre, lorsque le bruit de ses canonnades avoit retenti jusqu'au milieu du palais des tzars. Cette guerre maritime, qu'il avoit d'ailleurs assez malheureusement faite, l'avoit aigri contre les Russes ; et il n'ignoroit pas les invectives et le ridicule dont on s'efforçoit de le couvrir à la cour de Pétersbourg : on joua même à l'Hermitage des comédies où il étoit bafoué.

La corruption la plus vile, les intrigues les plus lâches et les plus indignes, furent alors employées contre lui. L'Europe vit encore, avec une nouvelle horreur, celle qui prétendoit être une image de Dieu adorée sur un trône, fomenter elle-même la révolte dans un royaume, acheter des traîtres, et.... payer des assassins. Perdre le régent, lui substituer un conseil de ses créatures, attacher à son char la Suède à côté de la Pologne, voilà le but qu'elle se proposoit, et qu'elle s'efforçoit d'atteindre par tous les moyens imaginables. Stackelberg, dont l'esprit et l'urbanité avoient charmé le roi [2], et qui, selon ses expressions, trouvoit dans ce prince *un vrai et digne chevalier de son immortelle souveraine*, demandoit son rappel. Sa hauteur ne pouvoit s'abaisser à jouer un rôle assez insignifiant chez le régent d'un jeune roi de Suède, après avoir été lui-même si long-tems régent d'un vieux roi de Pologne. M. de Romanzow, frère de celui qu'on a connu et estimé en Allemagne, lui succéda; mais, malgré tout son esprit, ses instructions étoient trop perfides et trop épineuses pour qu'il pût s'acquérir en Suède la même considération : les complots, les trames, dont se plaignit le régent, exigèrent bientôt son rappel. Qui n'a pas été scandalisé de l'impudeur avec laquelle Armfeld fut suscité, protégé, défendu par la Russie, malgré les preuves authentiques de ses attentats, malgré les réclamations les plus fortes? Dans le tems même que tous les rois de l'Europe sembloient faire en commun la chasse, et poursuivre de concert tout homme atteint d'un seul soupçon de rébellion, un régent de Suède réclamoit vainement, de cour en cour, un homme qui avoit conspiré contre sa vie, et contre le gouvernement de son pays qu'il vouloit vendre et livrer à une puissance étrangère. De cour en cour, ses réclamations étoient éludées d'une manière dérisoire; et Armfeld vint enfin les braver en Russie, où il fut reçu, pensionné, et où il se trouvoit en même tems que le roi et le régent [3].

Je ne suivrai point, dans toutes ses ramifications, ce complot qui a si long-tems travaillé la cour de Suède; je ne nommerai pas tous les agens chargés de le continuer: mais Catherine ne renonçoit point à y dominer, à y jouer la protectrice du jeune roi, et à faire envisager le régent comme un tyran qui abusoit de la minorité de son neveu, ou comme un jacobin qui vouloit imiter le duc d'Orléans. Elle faisoit même inviter le roi à venir se mettre sous sa protection, ou au moins à faire un voyage auprès d'elle : tout fut mis en usage pour l'attirer à Pétersbourg sans son oncle. Il est surprenant que le régent n'ait pas été poussé à bout : on avoit trouvé dans les papiers des complices d'Armfeld, plusieurs pièces, qui auroient avili Catherine aux yeux de l'Europe entière : il ne les fit point publier : fut-ce par crainte, foiblesse, ou modération ?

Cependant il étoit sur le point de s'allier avec la France, qui restera la plus utile alliée de la Suède, aussi long-tems qu'une politique atroce, une ambition démesurée, et des gouvernemens sans principes, ne permettront pas à une puissance de voir ses meilleurs amis dans ses plus proches voisins. Avant cette époque heureuse et reculée, les passions personnelles, ou les intérêts passagers qui pourront unir la Suède à la Russie, seront toujours funestes à la première : sous la main usurpatrice de sa puissante ennemie, rien ne peut garantir son existence que la France, la Prusse et la Turquie.

Pour anéantir dans leur source les espérances de Catherine, le régent fit une autre démarche plus sensible encore. Il demanda en mariage pour son jeune pupille une princesse de Mecklenbourg, qui lui fut fiancée solemnellement ; et il fit notifier cette alliance à toutes les cours. Le comte Schwérin qui avoit déjà été en Russie, où sa figure lui avoit fait beaucoup d'*amies*, fut dépêché à Pétersbourg avec la même commission ; mais il trouva à Wibourg un ordre de l'impératrice qui lui défendoit de se présenter devant elle : conduite certes bien étrange, et où se montre plutôt le dépit d'une femme piquée que la réserve d'une *souveraine*. Quoi ! parce que le roi de Suède en épouse une autre que sa petite-fille, elle n'en veut pas recevoir la notification, selon l'usage établi ! c'est tout ce qu'auroit pu se permettre une amante trahie qui n'auroit eu ni décence, ni véritable fierté. Le respect qu'elle se devoit à elle-même, à son sexe, et surtout à sa charmante petite-fille, auroit bien dû lui sauver au moins l'éclat de ce dépit humiliant. Elle cessoit de jouer en ce moment le rôle de la *grande Catherine* [4].

Pour motiver cette démarche aussi offensante que peu délicate, elle fit remettre au régent, par son chargé d'affaires ou plutôt d'intrigues à Stockholm, cette note étonnante qu'on a lue dans quelques papiers publics, où elle fait au duc de Sudermanie non-seulement un crime de *lèze-majesté tzarienne* des relations qu'il entretient avec la France, mais où elle semble encore insinuer qu'il a été d'intelligence avec les assassins du roi son frère, dont elle s'attribue la vengeance. Le dépit de Catherine, et la déraison de ses ministres, allèrent plus loin. Tout annonçoit qu'on alloit traiter le roi de Suède en Sganarelle, et le forcer, à coups de canon, de rompre ses engagemens avec la princesse de Mecklenbourg, et d'épouser la grande-duchesse Alexandrine [5]. Cette aimable princesse méritoit bien plutôt qu'un jeune prince se battît pour l'obtenir que pour la refuser. Aussi répandoit-on que le roi en étoit déjà épris; que son oncle lui faisoit violence; et qu'il n'aspiroit qu'à éluder son mariage avec la princesse de Mecklenbourg, afin de se déclarer, à sa majorité, en faveur de son autre prétendante.

Il n'est pas douteux que plusieurs Suédois, gagnés par les promesses de Catherine, et par celles qu'ils se faisoient eux-mêmes de la munificence de cette magnifique princesse, ne cherchassent à inspirer ces résolutions au jeune roi, et à exciter dans son cœur la même passion qu'on avoit fait naître dans celui de l'aimable Alexandrine. Il y avoit même une correspondance assez suivie entre Schwérin, Steinbock, et des personnes qui approchoient les grandes-duchesses : quelques-unes de ces lettres étoient montrées à l'impératrice, par l'entremise de madame de Liewen, grande gouvernante des princesses.

Après des démarches aussi violentes contre le régent, qui pouvoit s'attendre à le voir céder et fléchir? c'est pourtant ce qu'il fit : du moins se laissa-t-il effrayer, ou gagner [6]. M. de Budberg, qui venoit de parcourir l'Allemagne pour trouver une femme au grand-duc Constantin, ayant ramené la princesse de Cobourg avec ses trois filles, fut jugé capable de vaincre les difficultés qu'on éprouvoit à trouver un mari à la jeune grande-duchesse. Il fut d'abord à Mecklenbourg pour y négocier une renonciation, et de là envoyé comme ambassadeur à Stockholm. L'argent, les menaces, les promesses, triomphèrent enfin. Catherine obtint que le roi ne seroit marié qu'à sa majorité; et le régent, voulant sans doute montrer que son pupille étoit libre dans son choix et dans sa conduite, consentit enfin à son voyage à Pétersbourg, où il étoit si affectueusement invité. L'article du mariage, véritable motif de cette invitation, ne fut touché que légèrement, sentimentalement. — *Si, comme on le disoit, ces deux enfans s'aimoient déjà; s'ils se convenoient encore, en se voyant, on aviseroit aux moyens de faire leur bonheur mutuel:* tel étoit le langage de l'impératrice. Posséder le roi dans sa cour, étoit partie gagnée pour elle. Catherine comptoit sur les charmes de la princesse, et sur les graces qu'elle se chargeoit de prodiguer elle-même au roi, au régent, et à leur suite. Elle ne doutoit pas que le jeune Gustave, après avoir vu celle qu'il avoit osé refuser par des raisons d'état, ne donnât le royaume et la gloire de Charles XII pour la posséder.

Il arriva avec son oncle et une suite assez nombreuse, le $\frac{14}{25}$ août 1796, à Pétersbourg, et alla descendre chez M. de Stéding, son ambassadeur. Toute la ville étoit en mouvement pour voir le jeune monarque. L'impératrice, qui se trouvoit à son palais Taurique [7], vint à celui de l'Hermitage pour le recevoir et lui donner des fêtes. Dès sa première entrevue avec lui, elle en parut enchantée, *et presque amoureuse elle-même* [a] : il vouloit lui baiser la main; elle s'y opposoit. — *Non*, dit-elle, *je n'oublierai pas que M. le comte de Haga est un roi.* — *Si votre majesté*, répondit-il, *ne veut pas me le permettre comme impératrice, qu'elle me le permette au moins comme une dame à qui je dois tant de respect et d'admiration.* L'entrevue

[a] Ce furent ses propres termes.

avec la jeune princesse fut plus intéressante encore : tous deux furent extrêmement embarrassés, et les yeux de toute la cour, qui se portoient avidement sur eux, augmentoient encore leur confusion. Ils se trouvèrent sans doute, l'un et l'autre, dignes des sentimens qu'ils éprouvoient dès leur enfance ; et il est à croire que, si la raison d'état du roi de Suède, ou les bizarreries de l'empereur actuel, empêchent cette alliance de se conclure, la plus charmante princesse deviendra aussi la plus malheureuse.

Aucune pourtant n'a plus de droits au bonheur qu'Alexandra-Pawlowna. A quatorze ans, elle étoit déjà grande et formée : elle avoit un port noble et majestueux, adouci par toutes les graces de son âge et de son sexe ; des traits réguliers, un teint éblouissant ; un front où la sérénité, la candeur et l'innocence, avoient une empreinte divine : des cheveux blonds cendrés, qui sembloient toujours arrangés par la main des fées, ombrageoient cette belle tête. D'ailleurs son esprit, ses talens et son coeur, répondoient à cet extérieur séduisant. Mlle Willamow, sa gouvernante particulière, avoit cultivé dans son ame les sentimens les plus nobles et les plus purs. Une raison, un jugement, une sensibilité exquise, l'avoient caractérisée dès son enfance, et captivoient l'admiration de ceux qui l'approchoient.

Il étoit bien difficile de voir, je ne dirai pas un roi, mais un jeune homme plus intéressant, mieux élevé, et qui donnât d'aussi flatteuses espérances que le roi de Suède. Il avoit dix-sept ans, une taille haute et fine, un air de noblesse, de raison et de douceur; quelque chose pourtant de grand et de fier qui le faisoit respecter, malgré son âge; et toute la grace de l'adolescence, sans en avoir la gaucherie ordinaire. Il étoit d'une politesse simple, obligeante; tout ce qu'il disoit étoit pensé : il donnoit aux choses sérieuses une attention qu'on n'attend point de la jeunesse; il montroit des connoissances qui annonçoient une éducation très-soignée; et une certaine gravité, qui rappeloit son rang, ne le quittoit pas. Toute la pompe de l'empire de Russie, qu'on affectoit d'étaler à ses yeux, ne parut pas l'éblouir. Dans cette cour brillante et nombreuse, il se montra bientôt moins gêné que les grands-ducs eux-mêmes, qui ne savoient entretenir personne : aussi la cour et la ville faisoient des comparaisons bien flatteuses en faveur du prince étranger. L'impératrice elle-même laissa voir qu'elle s'appercevoit avec douleur de la différence qu'il y avoit entre lui et le second de ses petits-fils, dont les brutalités et les polissonneries l'aigrirent au point qu'elle le fit une ou deux fois mettre aux arrêts, pendant le séjour du roi de Suède [8].

Tous les grands de l'empire s'empressèrent à l'envi de partager la joie de Catherine, qui désigna ceux qui devoient en particulier donner des fêtes à son jeune hôte, et en fixa les jours. Les comtes *Strogonow*, *Ostermann*, *Besborodko*, *Samoïlow*, se distinguèrent par les dépenses qu'ils qu'ils firent et la magnificence qu'ils déployèrent. Les courtisans cherchoient à se surpasser par la richesse de leurs habits, et les généraux par les spectacles militaires qu'ils s'efforçoient de donner au roi : le vieux général Mélissino se distingua surtout par les manoeuvres et par les feux d'artifice qu'il fit exécuter. Gustave étoit dans un enchantement continuel ; cependant il employoit sagement ses matinées à parcourir la ville à pied, et à voir avec le régent ce qu'il y avoit d'intéressant et d'instructif pour lui : partout il faisoit des questions, ou des réponses, qui annonçoient à la fois son esprit et son éducation. Le régent qui paroissoit jouir de son ouvrage, en voyant les suffrages qu'obtenoit son pupille, est un homme de fort petite taille ; ses manières sont aisées et polies : il a un air observateur et fin ; ses yeux brillent de beaucoup de feu : tout ce qu'il dit montre l'homme d'esprit, et fait réfléchir ceux qui l'entendent.

On s'imagine bien que, pendant les fêtes qui se succédoient, les deux jeunes amans eurent souvent l'occasion de se voir, de danser, de parler ensemble; ils se familiarisoient, et paroissoient enchantés l'un de l'autre. La vieille Catherine étoit rajeunie : depuis long-tems elle ne s'étoit donné tant de mouvement et de plaisir. Le mariage prochain n'étoit plus un mystère; c'étoit l'entretien du jour. L'impératrice parloit déjà au jeune roi et à sa petite-fille, comme à des fiancés, et les encourageoit à s'aimer. Un jour même, elle les fit, en sa présence, se donner *le premier baiser d'amour*; le premier sans doute qu'eussent reçu les lèvres virginales de la jeune princesse, et qui ait pu y laisser cette impression si douce et si chère, qui la rendra long-tems malheureuse.

On travailloit cependant à conclure enfin cette alliance désirée. Le seul article qui présentât quelques difficultés, étoit celui de la religion. Catherine avoit là-dessus pressenti l'esprit de sa cour, et même consulté l'archevêque pour savoir si sa petite-fille pourroit abjurer l'orthodoxie : au lieu de lui répondre, comme elle s'en flattoit, il se contenta de lui dire : *Votre majesté est toute-puissante.* La grande patriarche de Russie, ne se voyant pas soutenue par l'opinion de son clergé qu'elle avoit cru plus facile, voulut alors paroître plus Russe que les Russes mêmes; et, pour caresser la fierté nationale, bien plus que par respect pour la religion grecque, elle résolut de faire une reine de Suède de cette religion. Autant la chose lui paroissoit nouvelle et humiliante pour la nation et le gouvernement suédois, autant elle flattoit sa vanité et celle de ses ministres : d'ailleurs, les popes, les chapelains et les autres personnes, qu'elle donneroit à la jeune reine, seroient des personnages sûrs et propres à entretenir cette princesse dans les intérêts de la Russie. Le roi étoit amoureux, ébloui; le régent paroissoit tout-à-fait gagné : quelle apparence donc qu'après des démarches aussi décidées ils pouràroient se refuser à cet arrangement? Dans les conversations particulières, on n'avoit touché que légèrement le point délicat: on ne s'étoit guères attendu à trouver Catherine scrupuleuse; et le roi avoit fait entendre, que, pour respecter les préjugés et la nation russes, la princesse ne seroit point obligée de faire abjuration formelle. L'impératrice, persuadée que les choses ne pouvoient plus reculer, laissa à ses ministres favoris Zoubow et Markow le soin d'arranger le contrat selon ses vues. D'un autre côté, l'ambassadeur de Suède demanda la princesse en mariage, dans une audience qu'on lui donna pour faire cette demande en forme: et le jour et l'heure des fiançailles furent fixés pour le $\frac{10}{21}$ septembre au soir.

Ce jour fut celui du plus grand chagrin, même de la plus grande humiliation, qu'eût jamais éprouvée l'heureuse, l'impérieuse Catherine. Toute la cour reçut ordre de s'assembler *en gala* dans la chambre du trône: la jeune princesse, parée en fiancée, suivie de ses jeunes soeurs; les grands-ducs, et leurs épouses; toutes les dames, tous les cavaliers; et le grand-duc, père, avec la grande-duchesse, arrivés de Gatschina pour les fiançailles de leur fille, s'assemblèrent dès les sept heures du soir. L'impératrice elle-même arriva dans toute sa pompe: il ne manquoit plus que le jeune fiancé, dont le peu d'empressement surprit d'abord. Plusieurs entrées et sorties du prince Zoubow, et l'impatience où l'on voyoit l'impératrice, excitèrent bientôt la curiosité et les chuchoteries des dames. Qu'est-il arrivé? le roi seroit-il tombé malade? il n'est au moins pas galant.... comment ose-t-il faire attendre ainsi la *souveraine*, dans la chambre de son trône, et la cour assemblée! Cependant ce roi attendu comme l'époux des onze mille vierges ne paroissoit point.

Voici ce qui occasionnoit cet étrange retard. Le roi devoit se rendre à la cour à sept heures du soir: à six, le diplomate Markow lui apporta le contrat et les articles de l'alliance, qu'il venoit de rédiger avec

Zoubow. Gustave, en ayant fait la lecture, parut fort étonné d'y trouver des choses dont il n'étoit pas convenu avec l'impératrice, et demanda si c'étoit de sa part qu'on les lui présentoit à signer [9].

Sur la réponse affirmative de Markow, il répliqua que la chose étoit impossible. Il observa qu'il ne vouloit pas gêner la conscience de la princesse ; qu'elle pouvoit, en particulier, professer sa religion : mais qu'il ne pouvoit lui accorder ni chapelle, ni clergé, dans le palais royal ; et qu'en public, et dans toutes les cérémonies extérieures, elle devoit au contraire professer la religion du pays. Qu'on s'imagine la surprise et l'embarras du fade Markow : il fut obligé de reprendre ses papiers, et de rapporter à Zoubow que le roi refusoit de les signer. Il revint bientôt, dans la plus grande agitation, dire que l'impératrice étoit déjà dans la chambre du trône, environnée de toute la cour ; qu'il n'étoit plus possible de lui parler ; qu'elle attendoit le prince ; et qu'on se flattoit qu'il ne voudroit pas faire un éclat, qui seroit un affront inouï à sa souveraine, à la jeune princesse, et à l'empire entier. Besborodko et plusieurs autres arrivèrent successivement, exhortant, pressant, priant le roi de se rendre : tous les Suédois qu'on interpelloit, penchoient à céder. Le régent se contentoit de dire que cela dépendoit du roi ; il le prit à part, fit un tour de chambre avec lui, paroissant le presser lui-même en lui parlant bas. Le roi lui répondit à haute voix : *Non, non, je ne le veux pas ! je ne le peux pas ! je ne signerai point !* il résista à toutes les remontrances, à toutes les importunités des ministres russes ; et, dépité enfin de ces obsessions, il se retira dans sa chambre et en ferma la porte, après avoir renouvelé un refus net et bien prononcé de signer rien de contraire aux lois de son pays. Les ministres russes demeurèrent stupéfaits de *l'audace* d'un roi enfant, qui osoit ainsi résister à leur *souveraine*, et se concertèrent sur la manière dont on pourroit lui annoncer cette catastrophe.

Si la fermeté, que montra le jeune Gustave dans cette occasion, a été *sienne*; si les instances, que paroissoient lui faire ses conseillers, n'étoient pas feintes, elle promet à sa nation le plus grand caractère, et l'on ne peut trop l'admirer dans un jeune prince de dix-sept ans, que l'amour seul auroit dû séduire. Il est cependant à croire, pour l'honneur du régent, que les instances qu'il parut faire à son neveu étoient simulées, et qu'il vouloit seulement rejeter sur l'opiniâtreté du roi une résistance qui lui auroit peut-être attiré la vengeance directe de Catherine. La plupart des Suédois qui suivoient Gustave, étoient vraiment gagnés ou séduits : c'étoient de jeunes courtisans qui avoient compté pour beaucoup dans leur voyage les cadeaux de noce, et qui étoient mortifiés qu'elle ne se fît pas. L'ambassadeur Stéding joua un rôle assez difficile : mais M. de Flemming se prononça hautement, en disant qu'il ne conseilleroit jamais au roi d'agir contre les lois du royaume.

Ces débats entre les ministres de l'impératrice et le roi avoient duré jusqu'à près de dix heures. Catherine et sa cour attendoient encore : enfin il fallut lui annoncer que tout étoit rompu. Le prince Zoubow s'approcha d'elle mystérieusement, et lui parla à l'oreille : elle se leva, bégaya, se trouva mal, et ressentit même une légère atteinte, avant-coureur de celle qui la mit au tombeau quelques semaines après. L'impératrice se retira, et la cour fut congédiée, sous prétexte d'une indisposition subite du roi. Cependant les véritables motifs se répandirent bientôt. Les uns étoient indignés de l'audace d'un petit roi de Suède; les autres, de l'imprudence de la sage Catherine qui s'étoit exposée si légèrement à une pareille scène : on l'étoit surtout de la présomption de Zoubow et de Markow, qui avoient prétendu en imposer aux Suédois par leur astuce, et qui s'étoient imaginé leur faire signer un contrat de mariage à l'impromptu.

La plus intéressante victime de cette sotte finesse, et de ce cruel orgueil, fut la charmante Alexandrine. A peine eut-elle la force de rentrer dans son appartement; et là, ne pouvant plus retenir ses larmes, elle s'abandonna, devant ses gouvernantes et ses demoiselles, à une douleur qui attendrissoit ceux qui l'approchoient et qui la rendit vraiment malade. Le surlendemain de ce dénoûment imprévu étoit la fête de la grande-duchesse Anne Féodorowna [10] : l'étiquette de la cour ordonnoit un bal; personne n'y vouloit danser. Le roi s'y rendit pourtant: l'impératrice y parut un instant aussi, et ne lui dit rien. Zoubow même bouda visiblement le roi de Suède; l'embarras étoit lisible sur tous les visages. Alexandrine malade n'y étoit pas. Le roi dansa avec les autres princesses, s'entretint un moment avec le grand-duc Alexandre, et se retira bientôt en saluant tout le monde plus poliment encore qu'à l'ordinaire: ce fut la dernière fois qu'il parut à la cour. Ces jours de gala, de pompe et de fêtes, se changèrent soudain en jours de retraite et d'ennui ; et jamais roi, dans une cour étrangère, n'en a passé d'aussi tristes et d'aussi désagréables. Tout le monde étoit malade ou feignoit de l'être. L'intérêt qu'avoit mérité Gustave, celui qu'inspiroit Alexandrine, attendrissoient en leur faveur. On la plaignoit comme une victime de la vanité et de la sottise ; on le plaignoit d'être obligé de faire un sacrifice qui devoit tant coûter à son coeur [11]. On maudissoit tout haut Zoubow et Markow ; on ne concevoit rien à la conduite de l'impératrice : elle-même étoit livrée au plus horrible dépit. On prétend que ses favoris humiliés osèrent lui insinuer de faire violence au jeune prince qui étoit en sa puissance. Elle alla s'enfermer, un jour entier et presque seule, dans son palais de Tauride, sous prétexte d'y célébrer la fondation de sa chapelle, mais en effet pour cacher aux yeux de la cour, la peine qui la dévoroit, et pour s'y entretenir encore avec son clergé et ses favoris sur le cas embarrassant où elle croyoit se trouver.

On tâcha de ramener un peu les choses. Le roi la vit encore en particulier, et les ministres tinrent plusieurs conférences. Gustave éluda enfin, en déclarant que ne pouvant, selon les lois de Suède, accorder ce que désiroit l'impératrice, il consulteroit là-dessus les états qui s'assembleroient à sa majorité; et que, si les états consentoient à avoir une reine grecque, il enverroit alors chercher la princesse. Le despotisme russe, indigné d'entendre un roi tenir ce langage, voulut en vain l'exciter à braver les états, et lui offrit les forces nécessaires pour les punir, au cas de leur *révolte* : mais on ne put obtenir d'autre accommodement du roi.

Tel fut le résultat de ce voyage, dont les papiers publics osèrent à peine parler. Le roi partit, le jour même où l'on célébroit la naissance du grand-duc Paul [12], huit jours après la rupture. Il laissa beaucoup d'humeur et de dépit à l'impératrice, beaucoup de douleur et d'amour dans le coeur de la jeune princesse qui en resta malade et mélancolique, et des regrets et une estime générale après lui. Malgré la catastrophe imprévue, pour ne pas trop scandaliser le public, on se fit des cadeaux réciproques; et les Russes furent d'autant plus surpris de la richesse et du bon goût de ceux du roi de Suède, qu'on avoit affecté de le traiter en *pauvre petit garçon*.

Si, dans toute cette affaire, l'on a si peu parlé du grand-duc Paul, c'est qu'il n'étoit pas plus question de lui, pour ce qui regardoit ses enfans, que pour ce qui concernoit l'état. Il étoit à son château de Gatschina, et, pendant tout le séjour du roi qui fut d'environ six semaines, on ne le vit qu'une ou deux fois à Pétersbourg. La grande-duchesse sa femme, au contraire, faisoit, trois ou quatre fois la semaine, ce voyage ennuyeux et fatigant, pour se trouver aux fêtes et revendiquer, au moins en apparence, ses droits et ses devoirs de mère. Cette bonne princesse disoit: *Si toutes mes filles me coûtent autant de peine à marier que celle-ci, je mourrai par les chemins.* Le roi avoit été une fois, pour la forme, à Gatschina et à Pawlowsky. Paul et le régent parurent des êtres trop hétérogènes pour se convenir ; et, en cette occasion, on le vit, pour la première fois, être de l'avis de sa mère, et la surpasser même dans ses scrupules et sa dévotion à la religion grecque orthodoxe. Il est d'ailleurs probable que les bizarreries de Paul apporteront autant d'obstacles au bonheur de sa fille, que la vanité de Catherine et l'impéritie de ses ministres [13] : le costume des Suédois, leurs habits courts, leurs manteaux, leurs rubans et leurs chapeaux ronds, suffirent pour lui inspirer une aversion incurable.

Ce mariage forcé-manqué a vraiment couvert de ridicule les diplomates russes; et il dut être bien humiliant pour la vieille impératrice d'avoir laissé employer des moyens aussi misérables. Ne paroît-il pas aussi bien au-dessous de l'empire de Russie de se montrer si embarrassé de l'établissement de ses aimables princesses, et de mettre en usage tant de grandes et petites supercheries pour les marier? Il est vrai que l'ambition démesurée de Catherine semble avoir pris à tâche de rendre leurs mariages difficiles : elle a, comme jadis mademoiselle de Montpensier, tué leurs maris à coups de canon. Un roi de Pologne, un duc de Courlande, même un gospodar de Moldavie, voilà les époux sortables qu'elle auroit pu leur laisser.

Au reste, quelque destinée qui soit réservée aux grandes-duchesses, elles seront sans doute plus heureuses que les princesses allemandes mariées en Russie, qui toutes ont eu le sort le plus misérable. On sait la destinée affreuse qu'eut Sophie de Brunswick, épouse du déplorable tzarewitsch Alexis : celle de la régente Anne, mère infortunée du non moins déplorable Iwan III, fut plus triste encore. La grande-duchesse Natalie de Darmstadt, première épouse de Paul, n'a-t-elle pas fait une funeste fin ? Qui n'a pas été attendri des chagrins qu'a essuyés Marie de Wurtemberg, impératrice aujourd'hui ? et qui ne plaint pas maintenant cette jeune princesse de Saxe-Cobourg, devenue la proie du grand-duc Constantin ? On n'osera pas, j'espère, m'objecter Catherine, la grande Catherine ? avoir été la meurtrière de son époux, n'est-ce pas avoir été la plus malheureuse des épouses ? La seule exception que je voie à faire jusqu'ici, dans cette série d'épouses infortunées, c'est Elisabeth de Baden-Dourlach, à qui son caractère, et surtout celui de son mari le grand-duc Alexandre, semblent assurer une vie plus heureuse [14].

Jeunes et touchantes victimes, que la Germanie semble envoyer en tribut à la Russie, comme jadis la Grèce envoyoit ses filles pour être dévorées par le minotaure, combien de fois arrosez-vous de larmes secrètes les appartemens bronzés qui vous renferment ? Combien de fois reportez-vous vos regards et vos regrets vers les demeures chéries où vous avez passé les jours de votre enfance? ceux que vous eussiez coulés dans les bras d'un époux de votre nation, sous un climat chéri du ciel, au sein d'un peuple plus heureux et plus policé, au milieu d'une cour moins fastueuse et moins corrompue, n'eussent-ils pas été bien préférables? Ces chaînes que vous portez, pour être d'or, n'en sont que plus pesantes pour vous : cette pompe qui vous environne, ces richesses qui vous couvrent, ne sont pas les vôtres; vous n'en jouissez pas. Si l'amour ne vous embellit par ses prestiges le séjour de gêne et d'ennuis que vous habitez, il n'est bientôt pour vous qu'une affreuse prison. Certes votre sort est digne des larmes de celles qui vous l'envient : le titre si brillant et si brigué de grande-duchesse de toutes les Russies a été jusqu'ici un titre d'exclusion au bonheur.

Que n'auroit-on pas à dire du peu de fierté de ces princes allemands qui envoient leurs filles en Russie, pour y être choisies comme les Géorgiennes conduites au sérail du grand-seigneur. Celle qui est agréée est malheureuse ; et celles qu'on renvoie, insultées : car la dot qu'on leur donne, le ruban dont on les chamarre, ne font qu'attester qu'elles ont été offertes, examinées et rebutées. C'est ordinairement la mère de ces princesses qui fait ce lointain voyage, pour trafiquer ainsi de l'une de ses filles, en les exposant toutes à un choix honteux. Certes les tems ont bien changé : lorsque le tyran Iwan Wasiliéwitsch (Basilide) aussi cruel et moins bizarre que Paul, voulant s'allier aux princes de l'Europe, envoya demander en mariage la soeur d'Auguste-Sigismond, roi de Pologne, celui-ci, par une raillerie grossière, digne de son siècle et sans doute aussi de l'idée qu'on se faisoit alors d'un *Wéliki-Kniaiss* ou grand-prince de Russie, lui envoya une jument blanche habillée en femme. Aujourd'hui, au premier signe d'un autocrate russe, les princes allemands se hâtent d'envoyer leurs plus jolies filles avec leurs mères, pour que les *Wéliki-Kniaiss* puissent choisir celles qui leur conviennent, et renvoyer les autres avec une confusion que les rubans, les bijoux et les roubles, ne peuvent assez couvrir. Les autocrates agissent aujourd'hui avec les princesses allemandes, précisément comme ils en usoient jadis avec les filles de leurs esclaves qu'ils convoquoient dans leur palais pour se choisir la plus jolie. Comment, je le répète, des princes allemands ont-ils pu se soumettre à ce lâche tribut, et respecter aussi peu la décence et la délicatesse de leurs filles ?

De toutes ces victimes amenées ainsi en Russie [15], les deux jeunes princesses de Baden-Dourlach parurent les plus intéressantes et les plus jolies. Leur mère, née princesse de Darmstadt, y avoit déjà été amenée dans sa jeunesse avec ses sœurs, dont l'une eut le malheur d'être la première femme de Paul. Cette princesse, femme aimable et digne mère d'une famille charmante, ne voulut point reparoître avec ses filles sur un théâtre où elle avoit été exposée elle-même: elle les confia à la comtesse Schouwalow, veuve de l'auteur de l'épître à Ninon, qui étoit chargée de cette négociation, ainsi qu'un certain Strékalow qui se conduisit comme un Cosaque, que l'on auroit envoyé enlever des filles en Géorgie pour le sérail d'un sultan.

Ces princesses, après un long et pénible voyage, arrivèrent, à la fin de l'automne de 1792, la nuit, et par un tems affreux qui sembloit leur donner les plus tristes impressions. On les fit descendre dans le palais qu'avoit occupé Potemkin, et où l'impératrice les reçut, accompagnée de Mad. de Branicka sa favorite. Les jeunes princesses prirent d'abord cette dernière pour Catherine; mais la comtesse Schouwalow les ayant détrompées, elles se jetèrent aux pieds de l'impératrice, et lui baisèrent en pleurant la robe et les mains, jusqu'à ce qu'elle les eût relevées pour les embrasser : on les laissa ensuite souper en liberté. Le lendemain, Catherine vint les voir, comme elles étoient encore à leur toilette, et leur apporta le cordon de S^{te}. Catherine, des bijoux et des étoffes. Elle se fit montrer leur garde-robe; et, en la voyant, elle leur dit : *Mes amies, je n'étois pas si riche que vous, quand j'arrivai en Russie* [16].

Les jeunes grands-ducs les virent le même jour chez leur grand'mère. L'aîné, qui soupçonnoit déjà le motif de leur arrivée, eut l'air pensif et embarrassé : il ne parla point. Catherine dit que, connoissant la mère de ces princesses, et les Français ayant pris leur pays [17], elle les avoit fait venir, pour les élever à sa cour. A leur retour, les jeunes princes parlèrent beaucoup d'elles, et Alexandre dit qu'il trouvoit l'aînée bien jolie [18]. *Ah, point du tout!* s'écria le cadet; *elles ne le sont ni l'une ni l'autre : il faut les envoyer à Riga pour les princes de Courlande; elles ne sont bonnes que pour eux* [19].

Cependant le mot d'Alexandre fut rapporté à la grand'mère ; elle fut charmée qu'il trouvât belle celle qu'elle lui destinoit, et dont elle paroissoit elle-même enchantée. Catherine prétendoit avoir ressemblé à Louise de Bade en arrivant en Russie : elle se fit apporter le portrait qu'on avoit tiré d'elle à cette époque, le confronta ; et l'on pense bien que chacun trouva que deux gouttes d'eau ne se ressembloient pas davantage. Elle s'attacha dès lors singulièrement à la jeune princesse, redoubla de tendresse pour Alexandre, et s'occupa avec plus de plaisir du projet de leur laisser immédiatement son trône.

Les jeunes étrangères parurent pour la première fois à la cour, le jour où les députés de Pologne furent admis à remercier la grande Catherine de l'honneur qu'elle venoit de faire à la république d'en garder les trois quarts pour elle [20]. Les princesses furent autant éblouies de la magnificence qui les environnoit, qu'on parut l'être de leurs graces naissantes ; mais il arriva à l'aînée un accident qui fit dire aux Russes superstitieux qu'elle seroit malheureuse en Russie. En s'approchant du trône de Catherine, elle se heurta contre l'angle du degré et tomba tout de son long devant ce trône. Puisse un si triste présage ne pas se réaliser!

Pendant que sa jeune soeur passoit douloureusement ses jours à pleurer son pays et ses parens, dont toute la pompe de la cour n'avoit pu la distraire, et qu'on la renvoyoit enfin comblée de dons qui la touchoient moins que le plaisir de revoir bientôt les bords du Rhin [21], la princesse Louise sembloit sourire au destin qui l'attendoit. Un consolateur inconnu étoit né dans son coeur et avoit essuyé ses larmes. Elle avoit senti l'amour, en voyant le jeune prince qui devoit être son époux, et qui l'égaloit en beauté et en douceur. Elle se prêta de bonne grace à tout ce que l'on exigea d'elle, apprit le russe, s'instruisit dans la religion grecque, et fut bientôt en état de faire confession publique de sa nouvelle foi, et de recevoir sur ses bras nuds et sur ses pieds délicats et nuds aussi les onctions que lui administra un évêque barbu, en la proclamant grande-duchesse sous le nom d'*Elizabeth Alexiéwna*. Catherine aima mieux lui donner son propre surnom, que de lui laisser celui de son père, comme il est d'usage.[22]

Les fiançailles se célébrèrent, au mois de mai suivant, avec une pompe et des fêtes extraordinaires. La Russie venoit de finir trois guerres presque également triomphantes. Une foule de généraux et d'officiers, couverts des lauriers qu'ils avoient cueillis dans ces guerres, grossissoient la cour. Une quantité de Suédois, admirateurs de Catherine; presque tous les magnats polonais dévoués et soumis; des khans tartares; des envoyés de la grande Bukarie; des pachas turcs; des députés grecs et moldaves ; des sophis de Perse ; et des émigrés français, qui demandoient également vengeance et protection [23], augmentoient en ce moment le nombre des courtisans de l'orgueilleuse autocratrice du nord: jamais cour n'offrit un spectacle si brillant ni si varié. Ce furent les derniers beaux jours de Catherine. Elle dîna sur un trône élevé au milieu des autres tables: couverte et couronnée d'or et de diamans, elle promenoit un oeil serein sur cette assemblée immense composée de toutes les nations, et sembloit les voir toutes à ses pieds. Entourée de sa famille brillante et nombreuse, un poëte l'eût prise pour Junon assise parmi les dieux [24].

L'arrivée de la princesse de Saxe-Cobourg avec ses trois filles, dont l'une devint l'épouse du grand-duc Constantin, fut moins marquante. Les Russes se permirent même des remarques piquantes sur ces princesses, sur l'antiquité et le mauvais goût de leur habillement.

On ne les présenta qu'après avoir renouvelé leur garde-robe. Constantin n'en vouloit aucune; il disoit qu'elles avoient l'air allemand, tant il avoit lui-même le goût russe. On fut obligé de lui échauffer l'imagination, pour l'engager à faire un choix: il tomba, malheureusement pour elle, sur la plus jeune, petite brune qui montroit de l'esprit, inspiroit de l'intérêt, et qui méritoit plus de bonheur que ne lui en promettoit le caractère de son mari, dont on aura occasion de parler encore.

NOTES
DU PREMIER CAHIER.

1.

Général cosaque, qui se distingua par sa barbarie et ses dévastations dans la guerre de Finlande: c'est lui, ou son neveu, qui commande aujourd'hui le corps des Cosaques du Don qui marche en Allemagne; il est ignorant, mais guerrier et joueur déterminé.

2.

De tous les ministres employés par Catherine le comte Stackelberg est celui qui a le plus d'esprit et le plus de hauteur; il la déploya surtout en Pologne. Mr. de Thugut y ayant été envoyé par l'empereur, fut, le jour de son audience chez le lâche Poniatowski, introduit dans un sallon où, voyant un homme gravement assis, entouré de seigneurs polonais respectueusement debout devant lui, il le prit pour le roi et commença son compliment: c'étoit Stackelberg, qui ne s'empressa pas de le tirer d'erreur. Thugut, instruit de la méprise, en fut honteux et piqué. Le soir, faisant sa partie avec le roi et Stackelberg, il joue une carte en disant: *roi de trèfle!* vous vous trompez, lui dit-on, *c'est le valet*. L'autrichien, feignant de s'être mépris, s'écria en se frappant le front: Ah, sire, pardon! c'est la seconde fois qu'il m'arrive aujourd'hui de prendre un valet pour un roi. Stackelberg, quelque prompt qu'il soit à la saillie, ne put que se mordre les lèvres. A son retour de Suède, il traîna sa vie dans les antichambres de Zoubow; mais il fut toujours des petites sociétés de Catherine, et réduit à l'amuser après l'avoir servie. Sa plus grande humiliation fut sans doute de se voir nommé par Paul chambellan de service auprès de ce même roi de Pologne qui avoit souvent fait antichambre dans son hôtel à Varsovie; et cette malice de l'empereur a quelque chose de fin et de noble qui lui fait honneur.

3.

Il se trouvoit en 1798 à Carlsbad, accablé d'infirmités et du mépris de tout ce qui le connoissoit.

4.

Les Russes ont agrandi jusqu'à son nom : ils disent en leur langue, Yékatarina; ce qu'on ne peut traduire que par Archi-Catherine.

5.

On fit alors, avec beaucoup de bruit et d'apparat, mettre quelques planches sur la glace de la Néva (assez forte en ce moment pour supporter des tours) afin, disoit-on, de faciliter le passage de l'artillerie qu'on alloit envoyer en Finlande. Les ministres et les généraux parloient hautement de cette prochaine guerre ; preuve que ce n'étoit qu'un jeu ; et je ne sais si Mr. de Stéding fut la dupe de ce manège. Le prince George Dolgorouky, général trop honnête et trop peu courtisan pour être employé par les favoris, fut même envoyé aux frontières comme un épouvantail.

6.

Un Genevois, nommé Christin, ci-devant secrétaire et faiseur de Calonne, étant à Stockholm, s'insinua chez le duc régent par une fable qu'il composa à sa louange. Comme il avoit été à Pétersbourg, il lui parla beaucoup de Catherine, des jeunes princesses, de l'estime que l'on avoit pour lui, des avantages de s'allier à la Russie en mariant le roi à une grande-duchesse. Les réponses du duc l'ayant persuadé qu'il n'étoit pas si éloigné de se réconcilier avec Catherine, il en fit avertir la Hus, maîtresse de Markow ; et sur ces données, on renoua des négociations déjà rompues. Christin revint à Pétersbourg recueillir les fruits de son adresse ; mais la mort de l'impératrice lui ravit la récompense qu'il attendoit.

7.

L'impératrice avoit acheté le palais principal de Potemkin *le Taurique*, et, pour honorer la mémoire de ce célèbre favori qu'elle regretta long-tems, elle donna son surnom à ce palais qu'elle habitoit en automne et au printems : il est à Pétersbourg, à une petite lieue du palais d'hiver et aussi sur les bords de la Néva. C'est dans cette superbe maison que Potemkin avoit, en 1791, donné à sa souveraine cette fête magnifique et tant célébrée.

8.

En plusieurs occasions où le roi se montra avec les jeunes grands-ducs, le public fut choqué et les bons Russes humiliés de cette différence. A des évolutions du corps des cadets de l'artillerie, où le jeune Gustave paroissoit attentif à ce qu'il y avoit de plus digne d'observation, et s'entretenoit avec les généraux qui l'environnoient et le grand-duc Alexandre qui se trouvoit chargé de faire les honneurs de l'empire, on voyoit le grand-duc Constantin courir et crier derrière les soldats, les imiter grotesquement, les menacer et même les battre. Il est certain que le roi de Suède a quitté Pétersbourg, connoissant aussi bien cette ville que ceux qui doivent y régner un jour.

9.

Ces articles étoient que la princesse auroit sa chapelle et son clergé particulier dans le palais royal, et certains engagemens de la Suède contre la France que l'on a tenus très-secrets.

10.

L'épouse du grand-duc Constantin, née princesse de Saxe-Cobourg.

11.

Il a épousé depuis la jeune princesse Frédérique de Baden, soeur de la grande-duchesse Élisabeth. Malgré les charmes de sa jeune épouse, on sait qu'il est malheureux avec elle; et il est à craindre qu'Alexandrine, qui doit, dit-on, épouser un archiduc d'Autriche, ne soit pas plus heureuse.

12.

Aujourd'hui empereur; c'est le 20. septembre, vieux style, ou 1. octobre, nouveau style.

13.

Quelque tems après son avènement au trône, Paul entrant dans l'appartement de ses filles se mit à plaisanter une de leurs demoiselles sur son mariage prochain. *Pour ma fille Alexandrine*, ajouta-t-il, *on ne peut la marier, car son prétendu ne sait pas encore écrire.* — Il venoit de recevoir une lettre du roi de Suède, dont le secrétaire avoit omis sur l'adresse quelques titres de l'autocrate, entre autres celui tout nouveau de duc de Courlande, etc. Pour qu'à l'avenir personne ne fût dans le cas de commettre cette omission criminelle, Paul donna un oukas particulier, dans lequel il ordonna tout au long de quelle manière il vouloit être nommé; et, comme si l'immense empire de Russie avoit besoin des amplifications espagnoles pour paroître grand et puissant, il prend les titres de toutes les anciennes principautés; ceux qu'il veut qu'on lui donne, même dans les suppliques, contiennent une bonne page. En vérité ce tzar paroît digne de l'un de ses prédécesseurs qui déclara la guerre à la Pologne, sans alléguer d'autre motif que celui de n'avoir pas été nommé selon tous ses titres. Au reste, on sait que Paul a été sur le point de renouveler la guerre avec la Suède, et qu'il a décidé du malheur de la vie de son intéressante fille, en forçant par ses procédés le roi de Suède à y renoncer pour toujours.

14.

Malheureusement cette exception n'a déjà plus lieu. Paul, qui n'a jamais pu souffrir cette princesse, se trouve aujourd'hui son persécuteur. La fureur où l'a mis le mariage du roi de Suède avec sa soeur paroît avoir augmenté sa haine contre elle et ses parens, avec qui elle n'ose plus ouvertement correspondre. Le tyran de son empire l'est aussi de sa famille; il y défend les premiers et les plus justes sentimens de la nature.

NOTES.

15.

Catherine a fait venir onze princesses allemandes, pour pourvoir ses fils ou petits-fils : trois princesses de Darmstadt, amenées par leur mère; trois princesses de Wurtemberg (celles-ci ne vinrent que jusqu'en Prusse : Frédéric l'unique exigea que le grand-duc fût assez galant pour faire la moitié du chemin); deux princesses de Baden; et trois princesses de Cobourg, amenées encore par leur mère. Le jeune roi de Suède a fait trois voyages hors de ses états, pour se choisir une femme; et, pour un grand-duc de Russie cadet, l'on a fait venir trois princesses du fond de l'Allemagne!

16.

Catherine disoit souvent, sur la fin de sa vie: Je suis arrivée pauvre en Russie, mais je m'acquitte envers l'empire : la Tauride et la Pologne sont la dot que je lui laisse.

17.

C'étoit l'époque de l'expédition de Custine en Allemagne.

18.

Elle étoit en effet charmante: la grande-duchesse Alexandrine est la seule beauté qui puisse lui être comparée à la cour de Russie. Sa sœur, âgée de 13 ans, n'étoit pas encore formée, mais avoit quelque chose de plus piquant et de plus spirituel encore.

19.

Ces princes y étoient alors élevés, comme devant régner un jour en succédant à leur oncle. On destinoit l'aîné à la seconde grande-duchesse Héléna-Pawlowna. Tout a bien changé pour eux. Ils sont officiers subalternes dans les armées de Paul, et l'aîné vient même d'être relégué dans une garnison d'invalides.

20.

A cette époque, on avoit encore laissé une partie du royaume ou république de Pologne. Les députés ne furent pourtant reçus que comme ceux d'une province soumise : ils restèrent découverts, et l'impératrice assise; elle ne les salua que d'un simple signe de tête, après qu'ils se furent prosternés devant elle. Le comte Branicki, mari de la favorite, fut l'orateur de cette honteuse ambassade qui voulut pourtant haranguer en polonais. Il dit, entre autres sottises : La grande Catherine a daigné dire un mot et faire un signe; et le despotisme prêt à s'emparer du trône de Pologne est tombé comme une idole. Ce mot de Catherine étoit une impertinente brochure rédigée par Altesti, où l'on traitoit tous les magnats de Pologne de jacobins, et le roi de factieux: ce signe, c'étoit l'envoi de deux armées qui avoient massacré et brûlé tout ce qu'elles n'avoient pu piller; cette idole du despotisme, c'étoit la constitution du trois mai! ô impudence!

21.

Avec plusieurs brillans qu'elle reçut, on lui assura une pension qui seroit remplacée par une dot. Comme elle est devenue reine de Suède, j'ignore si la Russie l'a dotée. Parmi les dons qu'on lui fit, étoit un cordon de St. André pour son père: cet ordre étoit le premier de la Russie, et Catherine ne savoit pas même le nombre des chevaliers; il se trouva que le prince de Baden l'étoit déjà. L'impératrice ne voulut point qu'on renvoyât l'ordre; elle permit au prince de le donner à son fils encore enfant. Il arriva souvent que l'on envoya à des officiers des ordres qu'ils avoient déjà: l'un d'eux ayant sollicité en vain une autre récompense, il porta les deux mêmes croix. Au reste Catherine, si magnifique quelquefois, montra une lésine ridicule en accordant à la gouvernante qui avoit élevé et accompagné en Russie les princesses de Baden une misérable pension de 200 roubles; ce qui indigna la cour de Carlsrouhe même. Ces traits de lésine se retrouvent souvent parmi les générosités de Catherine. Elle ne donnoit volontiers qu'à ceux qui avoient déjà trop : elle aimoit mieux gratifier que récompenser. Sur la fin de sa vie, elle devint avare, surtout envers la famille impériale qui manquoit quelquefois du nécessaire, tandis que le favori et ses créatures nageoient dans la profusion.

22.

Les noms patronimiques des Russes ont quelque chose d'antique et de respectable. Un Russe pouvoit nommer l'impératrice, même en lui parlant, Ekatarina Alexiéwna Catherine fille d'Alexis. La princesse de Baden auroit donc dû se nommer, Elisabetha-Carlowna puisqu'elle est fille d'un prince Charles. Les Grecs avoient aussi cet usage; et nous pourrions dire, en traduisant heureusement les terminaisons russes par le grec, Ywan Basilide, Alexandre Nicolaïde, etc. comme l'on dit Alcide, Séleucide, Héraclide d'autant que la prononciation et l'orthographe de Basiliéwitsch, Nicolaïéwitsch etc. sont toujours embarrassantes pour un Français.

23.

On présenta un jour en même tems à Catherine le jeune Richelieu, un envoyé persan, des députés Kalmouks, et un vieux fou russe qu'elle créoit chevalier, à la recommandation de N. Soltykow, pour avoir prié pour elle. Richelieu lui baisa la main avec toute l'aisance française; le Persan, avec des gestes orientaux; les Kalmouks, en se jetant à terre; et le vieux Russe, en s'agenouillant et levant les yeux au ciel.

24.

C'est ce qui ne manqua pas d'avoir lieu, surtout dans cette strophe de l'épithalame :

Ni la reine de Thèbe au milieu de ses filles,
Ni Louis de ses fils assemblant les familles,
Ne formèrent jamais un cercle si pompeux.
Trois générations vont fleurir devant elle,
Et c'est elle toujours qui charmera nos yeux:
Fière d'être leur mère, et non d'être immortelle,
Telle est Junon parmi les dieux.

SECOND CAHIER.
CATHERINE II.

CATHERINE II.

Détails sur sa maladie et sa mort. Son portrait. Son caractère. Observations sur sa cour, ses courtisans, ses ministres. Influence de la révolution française sur son esprit. Si Catherine protégea les lettres. Ses ouvrages. Mœurs et monumens de son règne.

Le séjour du roi de Suède à Pétersbourg, les réjouissances qu'il occasionna, les mortifications qui en furent la suite, hâtèrent sûrement la mort de Catherine. Elle s'étoit livrée, pendant six semaines, à des fêtes, à des fatigues continuelles; car depuis longtemps monter et descendre l'escalier du palais, s'habiller et paroître un instant, étoit un travail pour elle d'autant plus grand qu'elle s'efforçoit toujours de paroître jeune et bien portante, et qu'elle ne vouloit point se servir de chaise à porteurs. Quelques courtisans, connoissant cette difficulté qu'elle éprouvoit à monter, avoient à grands frais transformé leurs escaliers en rampes douces et tapissées, pour la recevoir le jour des festins et des bals qu'ils donnoient au roi: une pareille galanterie avoit même coûté quatre à cinq mille roubles à Besborodko, uniquement pour faciliter dans sa maison la réception de Catherine [1]. Sur la fin de sa vie, Catherine étoit devenue d'une grosseur presque difforme: ses jambes toujours enflées, et souvent ouvertes, étoient tout d'une venue avec ce joli pied qu'on avoit admiré jadis. Le fameux pirate Lambro-Cazzioni, que l'amiral Ribas avoit introduit chez elle par la faveur de Zoubow, et qui lui servoit de bouffon après lui avoir servi de corsaire dans l'Archipel, voulut aussi être son médecin. Il lui persuada qu'il savoit un remède infaillible pour lui guérir les jambes, et il alloit lui-même chercher de l'eau de la mer pour lui faire prendre chaque jour des bains de pieds froids. Elle s'en étoit d'abord bien trouvée, et se moquoit avec

Lambro des conseils de ses médecins: mais ses jambes s'enflèrent bientôt davantage; les veilles et le mouvement qu'elle se donna empirèrent le mal. Au moment où elle apprit le refus du roi, et où elle fut obligée de congédier sa cour après l'avoir assemblée pour célébrer les fiançailles de sa petite-fille, elle ressentit déjà une légère atteinte d'apoplexie. La contrainte qu'elle s'imposa les jours suivans pour se montrer avec son visage ordinaire, et ne pas avoir l'air de succomber au dépit que lui donnoit la mutinerie *d'un petit roi* [2], fit remonter de plus en plus le sang et les humeurs à la tête. A cette époque, son teint déjà très-enluminé devint plus rouge et plus livide, et ses indispositions plus fréquentes.

Je ne devrois pas faire ici mention des signes et des pronostics de sa mort: mais comme les miracles sont encore de mode en Russie, ainsi qu'on le verra, il est bien juste de remarquer que le soir où elle se rendit chez Samoïlow avec le roi, une étoile lumineuse se détacha du ciel au-dessus de sa tête et alla tomber dans la Néva. Je dois même assurer, pour l'honneur de la vérité et des signes funèbres, que c'est un fait dont toute la ville parla : les uns prétendoient que cette belle étoile signifioit le passage de la jeune reine en Suède; les autres, remarquant que la citadelle et les tombeaux des souverains se trouvoient vers les lieux où l'étoile avoit paru tomber, disoient en secret et en tremblant que cela annonçoit la mort prochaine de l'impératrice. Je dis *en tremblant et tout bas*, parce que *mort* et *impératrice* sont deux mots qu'on ne peut prononcer ensemble en Russie sans blasphème et sans danger.

Ce qu'il y a de certain, c'est que le 4 novembre 1796, vieux style, Catherine ayant ce qu'on appeloit *petit hermitage* (petite société) parut d'une gaieté extraordinaire. Elle avoit reçu par un vaisseau de Lubeck la nouvelle que le général Moreau avoit été forcé de repasser le Rhin, et elle avoit à cette occasion écrit au ministre d'Autriche Cobenzl un billet fort badin [a]. Elle s'amusa beaucoup avec Léon Narischkin, son grand-écuyer et son premier bouffon, en marchandant et achetant de lui toutes sortes de babioles qu'il apportoit ordinairement dans ses poches pour les lui vendre, comme le feroit un mercier ambulant dont il jouoit le rôle. Elle lui fit agréablement la guerre sur la peur qu'il avoit des nouvelles de mort, en lui annonçant celle du roi de Sardaigne qu'elle venoit aussi de recevoir, et parla beaucoup de cet événement d'un air libre et badin. Cependant elle se retira quelques instans plutôt qu'à l'ordinaire, se sentant, disoit-elle, de légères coliques pour avoir trop ri.

Le lendemain elle se leva à son heure accoutumée, et fit monter le favori qui resta un instant chez elle. Elle expédia ensuite quelques affaires avec ses secrétaires, et

[a]. Voici ce billet qui courut les sociétés: ,, Je m'empresse d'annoncer à l'excellente Excellence que les excellentes troupes de l'excellente cour ont complettement battu les Français ".

renvoya le dernier qui se présenta, en lui disant de l'attendre dans l'antichambre; qu'elle le rappelleroit pour finir le travail. Il attendit quelque temps: mais le valet de chambre *Zacharie Constantinowitsch*, s'impatientant de n'être point appelé et de n'entendre aucun bruit dans la chambre, ouvrit enfin la porte; il vit avec effroi l'impératrice renversée entre deux portes qui conduisoient de son alcove à sa garde-robe. Elle étoit déjà sans connoissance et sans mouvement. On court chez le favori qui logeoit au-dessous; on appelle les médecins: le tumulte et la consternation se répandent autour d'elle. On étendit un matelas près de la fenêtre; on la coucha dessus; on lui administra des saignées, des lavemens et tous les secours usités en pareil cas, qui firent leur effet ordinaire. Elle vivoit encore: le coeur palpitoit; mais aucun autre signe de mouvement. Le favori voyant cet état désespéré fit avertir les comtes Soltykow et Besborodko, et quelques autres. Chacun en particulier s'empressa d'expédier un courier à Gatschina où se trouvoit le grand-duc Paul: celui de Zoubow fut son propre frère. Cependant la famille impériale et le reste du palais ignoroient l'état de l'impératrice qu'on tenoit secret. Ce ne fut qu'à onze heures, temps où elle avoit coutume de faire appeler les grands-ducs, qu'on sut qu'elle étoit indisposée; et le bruit que l'impératrice étoit malade ne transpira qu'à une heures après midi: mais on ne se disoit cette nouvelle qu'avec une circonspection mystérieuse et timide, dans la crainte de se compromettre. On voyoit deux courtisans se rencontrer, tous deux parfaitement instruits du coup d'apoplexie, tous deux s'interrogeant, se répondant, s'observant et s'approchant pied-à-pied et toujours de front, pour n'arriver qu'ensemble au point terrible et pouvoir parler de ce qu'ils savoient déjà: il faut avoir hanté une cour, et surtout celle de Russie, pour juger de l'importance de ces choses-là et ne pas trouver ces détails ridicules.

Cependant ceux que le hasard, ou leur poste, avoit mis à même d'être instruits les premiers se hâtoient d'aller annoncer cet événement à leurs familles et à leurs amis; car on regardoit la mort de l'impératrice comme l'époque d'une révolution extraordinaire dans l'état, à cause du caractère du grand-duc Paul et des projets ou des dispositions qu'on supposoit à Catherine. Il étoit donc très-important de pouvoir prendre ses précautions d'avance : aussi la cour et bientôt la ville furent-elles dans une agitation et dans une attente très-alarmantes.

Cinq ou six couriers qui arrivèrent presqu'à la fois à Gatschina n'y trouvèrent point le grand-duc : il étoit allé avec sa cour, à quelques verstes de là, voir un moulin qu'il faisoit construire. Il fut frappé à cette nouvelle d'une grande joie où d'une grande douleur, car les extrêmes se touchent et se ressemblent: l'on ne'n peut quelquefois bien distinguer les effets. Il se remit bientôt de son trouble, adressa plusieurs questions

aux

aux couriers, donna des ordres pour son voyage et le fit avec une telle diligence, qu'il franchit en moins de trois heures l'espace de douze lieues qu'il y a entre Gatschina et Pétersbourg: il y arriva à huit heures du soir avec son épouse, et trouva le palais dans la plus grande confusion.

Sa présence rallia quelques ministres et quelques courtisans autour de lui: les autres avoient disparu. Le favori, livré à la crainte et à la douleur, avoit lâché les rênes de l'empire: les grands, occupés des suites qu'auroit cet événement subit, arrangeoient leurs affaires en particulier; toutes les intrigues de la cour se trouvoient déconcertées en un moment, et sans point de réunion, comme les rais d'une roue dont le moyeu est rompu.

Paul se transporta, suivi de toute sa famille, auprès de sa mère qui ne donna aucun signe de connoissance à l'aspect de ses enfans rassemblés. Elle étoit immobile sur le matelas, sans mouvement de vie apparent. Le grand-duc Alexandre, son épouse, les jeunes princesses, fondoient en larmes et formoient autour d'elle le plus touchant tableau. Les grandes-duchesses, les cavaliers et les dames de la cour, restèrent habillés et levés toute la nuit, attendant le dernier soupir de l'impératrice: le grand-duc, avec ses fils, se transportoit à tout moment vers elle pour en être le témoin; et la journée suivante se passa dans la même agitation et la même attente.

Paul, que la douleur de perdre une mère qui l'avoit si peu aimé n'affectoit pas extrêmement, s'occupoit à distribuer des ordres de détail et à tout préparer pour son avénement: il donnoit à ce grand acte de sa vie les mêmes soins qu'un directeur de spectacle donne à ses coulisses et à ses machines avant de faire lever la toile. En vérité il semble aussi que la mort d'un souverain ne soit qu'un entr'acte de comédie, tant sa personne occupe peu ceux qui l'environnent et même ses enfans. Catherine respiroit encore, et l'on ne pensoit déjà plus qu'aux changemens qui alloient se faire et à celui qui alloit la remplacer.

Cependant les appartemens du palais se remplissoient peu à peu des officiers qui accouroient de Gatschina, dans un costume si grotesque et si nouveau qu'ils paroissoient des revenans d'un autre siècle, ou des arrivés d'un autre monde. Le chagrin, la crainte ou la douleur, se peignoient sur le visage des anciens courtisans qu'on rencontroit pâles et défaits, et qui se retiroient successivement pour faire place aux nouveaux venus. Une foule innombrable de voitures environnoit le palais et obstruoit les rues qui y conduisoient : tous ceux qui y avoient quelques connoissances y passoient la journée, en attendant ce qui alloit arriver. La sortie de la ville étoit d'ailleurs interdite, et l'on ne laissoit passer aucun courier.

On croyoit généralement que Catherine étoit expirée dès la veille, mais que des raisons politiques faisoient encore cacher sa mort. Il est cependant vrai qu'elle étoit toujours dans une espèce de léthargie : les remèdes qu'on lui avoit administrés avoient produit l'effet naturel ; elle avoit même encore remué un pied et serré la main d'une femme de chambre ; *mais heureusement pour Paul elle avoit pour toujours perdu la parole.* Vers les dix heures du soir, elle parut se ranimer tout à coup, et commença à râler horriblement. La famille impériale accourut auprès d'elle; mais l'on fut obligé d'éloigner les princesses de ce spectacle affreux et nouveau. Enfin Catherine poussa un cri lamentable qui fut entendu dans les appartemens voisins, et expira après une agonie de trente-sept heures. Pendant ce tems, elle ne donna aucun signe de souffrance, qu'un instant avant d'expirer; et sa mort parut aussi heureuse que son règne l'avoit été.

Si l'on pense quelquefois juger de l'amour qu'ont mérité les monarques par les impressions que fait leur mort, ce n'est guères en Russie qu'on peut faire cette observation; à moins qu'on ne voulût prendre la cour pour l'empire entier. L'homme qui perdoit le plus à la mort de l'impératrice, celui qu'elle précipita du faîte des grandeurs et du pouvoir dans la foule dont la faveur l'avoit tiré, fut aussi le plus affligé : sa douleur eut même une expression touchante. Les jeunes grandes-duchesses qui aimoient tendrement leur grand' mère, et avec qui elles étoient plus familières qu'avec leurs propres parens, lui payèrent aussi un tribut de larmes bien sincères : elles la regardoient comme leur providence et la source de leur bonheur et de leurs plaisirs. Les dames et les courtisans qui jouissoient des bontés et de la société intime de Catherine, où elle étoit d'une aménité charmante, pleuroient également cette princesse. Les demoiselles même et les jeunes gens de la cour regrettoient les heureuses soirées de l'Hermitage, et cette liberté de moeurs et de plaisirs qu'elle savoit inspirer, et à laquelle ils opposoient la gêne soldatesque et l'étiquette bizarre qui alloient y succéder. Les Russes spirituels et railleurs frémissoient d'être obligés désormais de respecter des personnes qu'ils avoient raillées et méprisées, et de se soumettre à un train de vie qui avoit été le sujet perpétuel et inépuisable de leurs sarcasmes et de leurs bons mots. Les femmes, les domestiques de Catherine, pleuroient sincèrement une maîtresse bonne et généreuse, dont l'humeur égale et douce, le caractère noble et fier, étoient au-dessus de tous ces petits emportemens journaliers qui empoisonnent la vie domestique. Réellement si l'on pouvoit juger de Catherine comme d'une mère de famille, de son palais comme de sa maison, de ses courtisans comme de ses enfans, elle méritoit des regrets et des larmes.

Plusieurs autres personnages avoient aussi l'air pâle et désespéré, mais ceux-là étoient incapables de pleurer; ils avoient plutôt l'air coupable que triste, et leur douleur ne pouvoit s'expliquer en faveur de Catherine : c'étoit cette foule de créatures du favori, de ministres prévaricateurs, de courtisans lâches, et de misérables de tous les états et de toutes les conditions, dont la fortune et les espérances reposoient sur les abus de son règne et la facilité de son caractère. Il faut comprendre dans cette tourbe gémissante ceux qui avoient eu part à la révolution de 1762, et y avoient joué les rôles odieux de séducteurs ou de bourreaux : ils sembloient se réveiller du long rêve qui avoit suspendu leurs réflexions, pour se livrer aux terreurs et peut-être même aux remords.

Quant au peuple, cette prétendue pierre de touche du mérite des souverains, et qui n'est en Russie qu'une pierre brute et foulée aux pieds comme le pavé des rues, rien n'égala son indifférence sur ce qui se passoit au palais. Le bruit se répandit que les vivres alloient baisser, et que le pouvoir des maîtres sur leurs esclaves seroit restreint et fixé; mais on verra bientôt comme ce bruit populaire fut démenti par Paul. Les principaux habitans de la ville étoient dans un muet effroi. La crainte, et la haine générale qu'avoit inspirée le grand-duc, sembloient réveiller en ce moment l'amour et les regrets qu'on devoit à Catherine.

Aussi quels changemens subits dans une capitale si brillante, et surtout dans une cour si heureuse et si polie: cet air de liberté, d'aisance et de galanterie. qui y régnoit, fit place à une gêne insupportable. Les cris de commandement, le bruit du fer et des soldats, le tracas des grosses bottes et des éperons, retentissoient déjà dans les appartemens où Catherine venoit de s'endormir pour toujours. Le deuil dont se couvroient les dames, les habits burlesques qu'endossoient les hommes, le langage qu'on s'empressoit d'adopter, et les changemens qui se succédoient, faisoient qu'on se rencontroit sans se reconnoître, qu'on s'interrogeoit sans se répondre et qu'on se parloit sans s'entendre. Le jour de S^te. Catherine qui arriva dans ces entrefaites, et jusque-là si pompeusement célébré, fit sentir avec plus d'horreur la désolation et le vide de ce palais désenchanté, qui, théâtre de tant de fêtes et de tant de plaisirs, alloit devenir celui de tant de ridicules.

A soixante-sept ans, Catherine avoit encore des restes de beauté. Ses cheveux étoient toujours arrangés avec une simplicité antique et un goût particulier : jamais couronne ne coiffa mieux une tête que la sienne. Elle étoit d'une taille moyenne, mais épaisse ; et toute autre femme de sa corpulence n'auroit pu se mettre d'une manière si séante et si gracieuse. Dans son particulier, la gaieté, la confiance qu'elle inspiroit, sembloient éterniser auprès d'elle la jeunesse, le badinage et les jeux. Ses propos engageans et sa familiarité mettoient à l'aise tous ceux qui avoient les entrées chez elle, et qui assistoient à sa toilette; mais aussitôt qu'elle avoit mis ses gants pour sortir et se présenter dans les appartemens voisins, elle se composoit une démarche et un visage tout-à-fait différens. De femme aimable et badine elle paroissoit tout à coup impératrice majestueuse et réservée. Celui qui la voyoit alors pour la première fois ne la trouvoit point au dessous de l'idée qu'il s'en étoit faite, et disoit: C'est bien elle, c'est bien la Sémiramis du nord! On ne pouvoit, non plus qu'à Frédéric le Grand, lui appliquer cette maxime: *Praesentia minuit famam.* Je l'ai vue pendant dix ans, une ou deux fois la semaine, et toujours avec un nouvel intérêt. L'attention que j'avois à l'examiner me faisoit négliger de me prosterner avec la foule devant elle: l'hommage que je lui rendois en la regardant étoit sans doute plus flatteur. Elle marchoit lentement et à petits pas, le front haut et serein, le regard tranquille et souvent baissé. Elle saluoit d'une petite inclination qui n'étoit pas sans grace, mais avec un sourire de commande qui venoit et s'en alloit avec sa révérence. Si c'étoit un étranger à qui elle présentât sa main à baiser, elle le faisoit très-poliment, et lui disoit ordinairement quelques mots sur son voyage et son arrivée: mais c'étoit alors que l'on voyoit se décomposer l'harmonie de son visage, et qu'on oublioit un instant la grande Catherine pour ne plus voir que la vieille femme; car, en ouvrant la bouche, elle ne montroit plus de dents, et sa voix étoit cassée et mal articulée. Le bas de son visage avoit quelque chose de rude et de grossier; ses yeux gris clair, quelque chose de faux ; et un certain pli à la racine du nez lui donnoit un air un peu sinistre. Le célèbre Lampi l'avoit peinte depuis peu assez ressemblante, quoiqu'extrêmement flattée: cependant Catherine remarquant qu'il n'avoit pas tout-à-fait oublié ce malheureux pli qui caractérise sa physionomie, elle en fut très-mécontente, et dit que Lampi lui avoit donné l'air trop sérieux et trop méchant. Il fallut retoucher et gâter le portrait, qui paroît maintenant être celui d'une jeune nymphe: le trône, le sceptre, la couronne et quelques autres attributs, le font pourtant reconnoître pour celui d'une impératrice. Au reste c'est un morceau qui mérite les regards des amateurs, aussi bien que celui de l'impératrice actuelle par le même maître ?.

Pour ce qui est du caractère de Catherine, je pense que c'est dans ses actions qu'il faut le chercher. Son règne a été heureux et brillant pour elle et sa cour; mais la fin en fut surtout désastreuse pour les peuples et l'empire. Tous les ressorts du gouvernement étoient détraqués: chaque général, chaque gouverneur, chaque chef de département étoit devenu un despote particulier. Les rangs, la justice, l'impunité, se vendoient à l'enchère: une vingtaine d'oligarques, sous les auspices d'un favori, se partageoient la Russie, pilloient ou laissoient piller les finances, et se disputoient les dépouilles des malheureux. On voyoit leurs plus bas valets, leurs esclaves même, parvenir en peu de tems à des emplois et à des richesses considérables. Tel avoit trois ou quatre cents roubles d'appointemens qu'il ne pouvoit augmenter sans malversation, et bâtissoit autour du palais des maisons de cinquante mille écus. Catherine, loin de rechercher la source impure de ces richesses éphémères, se glorifioit de voir la capitale s'embellir sous ses yeux, et applaudissoit au luxe désordonné des coquins, qu'elle prenoit pour une preuve de la prospérité de son règne. Jamais, même en France, le pillage ne fut si général ni si facile. Quiconque voyoit passer par ses mains une somme de la couronne pour quelque entreprise, en retenoit effrontément la moitié et faisoit ensuite des représentations pour obtenir davantage, sous prétexte que la somme étoit insuffisante : on lui accordoit ce qu'il demandoit, ou l'entreprise demeuroit abandonnée. Les grands voleurs partageoient même les vols des petits, et en étoient les complices. Un ministre savoit à peu près ce que chacune de ses signatures rapportoit à son secrétaire, et un colonel n'hésitoit pas de s'entretenir avec un général des profits qu'il faisoit sur ses soldats [4].

A commencer par le favori en titre et à finir par le dernier employé, tous regardoient le bien de l'état comme une cocagne à conquérir, et se jetoient dessus avec la même impudeur que la populace sur le boeuf qu'on lui abandonne. Les Orlow, Potemkin et Panin, ont rempli seuls leurs places avec quelque dignité : les premiers ont montré des talens et une ambition vaste ; Panin avoit davantage, des lumières, du patriotisme et des vertus [5]. En général rien n'a été si petit que les grands, durant les dernières années du règne de Catherine : sans connoissances, sans vues, sans élévation, sans probité, ils n'avoient pas même cet honneur vaniteux qui est à la loyauté ce que l'hypocrisie est à la vertu ; durs comme des bachas, exacteurs comme des péagers, pillards comme des laquais, et vénaux comme des soubrettes de comédie, on peut dire qu'ils étoient la canaille de l'empire. Leurs complaisans, leurs créatures, leurs valets, leurs parens même, ne s'enrichissoient pas de leur générosité, mais des vexations qu'ils commettoient en leur nom et du trafic de leur crédit : d'ailleurs on les voloit eux-mêmes, comme ils voloient la couronne. Les services qu'on leur rendoit, même les plus vils, étoient payés par l'état : souvent leurs domestiques, leurs bouffons, leurs musiciens, leurs secrétaires particuliers, et même le gouverneur de leurs enfans, étoient salariés par quelque caisse de la couronne dont ils avoient le maniement. Quelques-uns recherchoient l'homme à talens, et estimoient l'homme de mérite; mais ni l'un ni l'autre ne faisoient fortune auprès d'eux: ils ne leur donnoient rien, moins encore par avarice que par défaut de bienfaisance. Le seul chemin pour parvenir à leur faveur étoit de se faire leur bouffon, et l'unique moyen d'en tirer parti étoit de devenir coquin.

Aussi presque tous les gens en place et en crédit sous ce règne étoient-ils des gens parvenus. Des princes et des comtes nouveaux naissoient par essaims aux fêtes de Catherine, et à la même époque où l'on s'efforçoit de les abolir en France. Si l'on excepte les Soltikow, on n'a vu aucune grande famille en faveur. Partout ailleurs qu'en Russie, ce ne seroit pas un mal; mais c'étoit une vraie calamité pour cet empire, où la riche noblesse est la seule classe qui ait de l'éducation et quelquefois de l'honneur. D'ailleurs tous ces hommes nouveaux furent autant de sangsues affamées, qu'il fallut remplir du plus pur sang de l'état

et de

et de la sueur des peuples. Changer souvent de rois n'est pas onéreux pour un état qui reste leur héritier; mais changer à tout instant de favoris et de ministres qui s'enrichissent et emportent leurs trésors, c'est assez pour épuiser tout autre pays que la Russie. Combien n'en a-t-il pas coûté de millions pour gorger successivement de biens douze favoris en titre ? combien n'a-t-il pas fallu pour rendre riches et grands seigneurs des *Bezborodko*, des *Zawadowsky*, des *Marcow*, et tant d'autres en trop grand nombre pour qu'on puisse les nommer ? Les Orlow, les Potemkin, les Zoubow, n'ont-ils pas seuls accumulé plus de richesses que des rois ? Les agioteurs de leurs signatures, et les directeurs de leurs menus plaisirs, ne sont-ils pas eux-mêmes devenus plus riches que les plus heureux négocians de l'Europe [6] ?

Autant le gouvernement de Catherine étoit doux et modéré autour d'elle, autant il étoit au loin affreux et arbitraire. L'homme, qui avoit directement ou indirectement la protection du favori, exerçoit où il se trouvoit une tyrannie publique: il bravoit ses supérieurs, écrasoit ses subordonnés, et violoit impunément la justice, la discipline et les oukas *.

C'est d'abord à la politique de Catherine, et ensuite à sa foiblesse, qu'il faut attribuer ce relâchement et cette désorganisation intérieure de son gouvernement; mais la cause première en est dans les mœurs et le caractère corrompus de la nation, et surtout de sa cour. Comment une femme eût-elle pu effectuer ce que le bâton actif et la hache homicide de Pierre I ne purent exécuter? Usurpatrice d'un trône qu'elle vouloit conserver, elle fut obligée de caresser ses complices: ils avoient par leur crime acheté l'impunité. Etrangère dans l'empire où elle régnoit, elle chercha à s'identifier avec la nation, en adoptant,

* Pour l'oreille et le sens je voulois dire les lois, — mais je parle de la Russie où il y a des ordonnances (oukas), et non des lois.

en flattant même ses goûts et ses préjugés. Catherine sut quelquefois récompenser, elle ne sut jamais punir; et ce ne fut qu'en laissant abuser de son pouvoir qu'elle parvint à le conserver.

Elle eut deux passions qui ne moururent qu'avec elle: son amour pour l'homme, qui dégénéra en libertinage, et son amour pour la gloire, qui dégénéra en vanité. La première de ces passions ne la domina jamais au point d'en faire une Messaline; mais elle prostitua souvent sa grandeur et son sexe: elle resta par habitude ce qu'elle avoit été par tempérament. La seconde lui fit entreprendre des choses louables qui furent rarement achevées, et des guerres injustes qui lui laissent au moins cette espèce de gloire qu'on ne peut refuser au succès.

La générosité de Catherine, l'éclat de son règne, la magnificence de sa cour, ses instituts, ses monumens, ses guerres, sont pour la Russie ce que le siècle de Louis XIV fut pour l'Europe; mais Catherine fut personnellement plus grande que ce prince. Les Français firent la gloire de Louis, Catherine fit celle des Russes: elle n'eut pas comme lui l'avantage de régner sur un peuple perfectionné, et de naître environnée de grands hommes. Elle eut quelques diplomates rusés, et quelques généraux heureux; mais, si l'on excepte Romanzow, Panin et Potemkin, pas un homme de génie: l'esprit et la dextérité astucieuse de quelques ministres, la valeur et la férocité d'un Souvarow, le talent et la souplesse d'un Repnin, la faveur d'un Zoubow, l'aptitude d'un Bezborodko, et l'assiduité d'un Nicolas Soltykow, ne méritent pas de faire exception.

Ce n'est pas que la Russie ne soit fertile en hommes de mérite; mais Catherine les craignoit: ils restèrent toujours loin d'elle. Il en résulte que tout ce qu'elle a fait est à elle, surtout le bien. Que le tableau des abus et des malheurs de son règne ne jette donc pas une ombre trop odieuse sur le caractère particulier de cette princesse! Elle paroissoit foncièrement humaine et généreuse: tous ceux qui l'ont approchée l'éprouvèrent; tous ceux qui l'ont connue de près étoient enchantés des charmes de son esprit; tous ceux qui l'environnoient étoient heureux. Ses moeurs étoient galantes et libertines, mais elles conservèrent toujours une certaine décence extérieure [7]: ses favoris mêmes la respectèrent toujours. Son amour n'inspira jamais le dégoût, sa familiarité jamais le mépris: on la trompa, on la séduisit; mais elle ne ne fut jamais dominée. Son activité, la régularité de son genre de vie, sa modération, son courage, sa constance, sa sobriété même, sont des qualités morales qu'il seroit trop injuste d'attribuer à l'hypocrisie. Oh! qu'elle eût été grande, si elle eût eu le coeur aussi juste que l'esprit! Elle régnoit sur les Russes moins despotiquement que sur elle-même: jamais on ne la vit ni s'emporter à la colère, ni s'abandonner à la tristesse, ni se livrer à une joie immodérée. Les caprices, l'humeur, les petitesses, n'entroient pour rien dans son caractère, et moins encore dans ses actions. Je ne déciderai point si elle fut véritablement grande, mais elle fut aimée [8].

Imbue, dès sa jeunesse, des maximes corruptrices qui infectent les cours, environnée sur le trône d'un nuage d'encens à travers lequel il fut impossible de bien voir, il seroit trop sévère de porter soudain sur elle le flambeau de la raison, et de la juger d'après ses austères principes. Jugeons-la comme nous l'aurions jugée, il y a vingt ans, et pensons que la Russie en est au siècle de Charlemagne pour le peuple. Les amis de la liberté doivent rendre à Catherine au moins la même justice que les théologiens raisonnables rendoient à ces hommes grands et sages qui n'avoient pas eu les lumières de la révélation. Les crimes de Catherine furent ceux de son état, et non ceux de son coeur; celle dont le génie sembloit présider aux boucheries d'Ismaïl et de Prague paroissoit dans sa cour l'humanité même. Il ne lui manqua peut-être que d'avoir été malheureuse, pour avoir eu des vertus plus pures; mais la prospérité constante de ses armes la gâta. La vanité, cet écueil funeste des femmes, fut aussi celui de Catherine; et son règne portera à jamais le caractère de son sexe.

Mais de quel point de vue qu'on voulût l'envisager, elle sera toujours mise en première ligne parmi ceux qui ont captivé l'admiration du monde par leur génie, leur puissance, et surtout leurs succès. Son sexe, donnant un nouveau relief aux grandes qualités qu'elle a déployées sur le trône, la mettra même au-dessus de toute comparaison dans l'histoire, et l'on sera obligé de recourir aux siècles fabuleux des Isis et des Sémiramis, pour trouver une femme qui ait exécuté ou plutôt entrepris d'aussi grandes choses.

Les dix dernières années de son règne mirent le comble à sa puissance, à sa gloire, et peut-être à ses crimes politiques.

Frédéric, ce grand homme, dictateur des rois de l'Europe, venoit en mourant de la laisser doyenne des têtes couronnées. Si l'on excepte Joseph et Gustave, toutes ces têtes ensemble ne valoient pas la sienne: car elle surpassoit autant les autres rois par l'étendue de son génie que par celle de ses états; et si Frédéric fut le dictateur de ces rois, elle en devint le despote. Ce fut alors que le bout de ce fil politique qui faisoit mouvoir la pauvre Europe comme un pantin, et qui avoit échappé à la France pour voltiger de Berlin à Vienne et à Londres, se trouva fixé dans les mains d'une femme qui le tiroit à son gré. Cet empire immense et romanesque qui lui étoit asservi, les ressources inépuisables qu'elle tiroit d'une terre et d'un peuple neufs encore, le luxe excessif de sa cour, la pompe barbare de ses grands, les richesses et la grandeur royale de ses favoris, les exploits glorieux de ses armées, et les vues gigantesques de son ambition, imposoient une espèce d'admiration à l'Europe stupide. Des princes, qui eussent répugné à se montrer l'un à l'autre quelques déférences, ne se trouvoient point humiliés de rendre une dame l'arbitre de leurs intérêts et la régulatrice de leurs actions.

Mais la révolution française, cette révolution si funeste aux rois, le fut surtout à Catherine. Les lueurs qui s'élancèrent soudain du sein de la France, comme d'un cratère dévorant, jetèrent sur la Russie un jour livide comme celui de l'éclair : on y vit l'injustice, le crime et le sang, où l'on avoit vu la grandeur, la gloire et la vertu. Catherine en frémit d'horreur et d'indignation : ces Français, ces trompettes de la renommée, ces historiens flatteurs et brillans, qui devoient un jour transmettre les merveilles de son règne à la postérité, devinrent soudain pour elle des juges inexorables qui l'épouvantoient. Elle vit alors s'eclipser les fantômes de son imagination : cet empire de la Grèce qu'elle vouloit relever, ces lois qu'elle vouloit établir, cette philosophie qu'elle vouloit inspirer, ces arts qu'elle avoit protégés, lui devinrent odieux. Catherine, comme bien d'autres philosophes couronnés, n'aima les sciences qu'autant qu'elles lui parurent propres à répandre sa gloire : elle voulut les tenir dans sa main comme une lanterne sourde, se servir de leurs lumières pour les distribuer à son gré, et voir sans être vue ; mais tout à coup blessée de leur éclat, elle voulut les étouffer. L'amie de Voltaire, l'admiratrice de Buffon, la disciple de Diderot, chercha dès lors à se replonger dans la barbarie ; mais elle voulut en vain se refuser au jour : elle s'étoit endormie sur des lauriers, elle se réveilla sur des cadavres : la Gloire qu'elle avoit cru embrasser se métamorphosa dans ses bras en Furie ; et la législatrice du Nord, oubliant ses propres maximes et sa philosophie, ne fut plus elle-même qu'une vieille Sibylle. Ses lâches favoris ne lui montrant partout que des Brutus, des jacobins, et des empoisonneurs, parvinrent à l'environner de terreurs et de soupçons. Son délire alla si loin, que dans ses manifestes elle donnoit les titres de factieux et de rebelles à un roi qui augmentoit ses prérogatives royales, et à une noblesse qui amélioroit son gouvernement: les Polonais furent traités en jacobins, parce qu'ils n'avoient pas le malheur d'être Russes [10].

Qu'eût-elle répondu, si, dans un moment de calme, on lui eût démontré qu'elle avoit elle-même beaucoup avancé et affermi cette révolution française si odieuse à ses yeux? c'est cependant un fait. Si sa démence ne l'eût point emportée à se jeter ainsi sur la malheureuse Pologne, et à fomenter ensuite des factions en Prusse et en Suède, elle n'eût point révolté l'Europe contre elle et le parti des rois; elle n'eût point engagé celui de Prusse à faire subitement sa paix pour se tenir en mesure vis-à-vis d'elle; elle n'eût point indigné l'Espagne, en employant contre un roi et une noblesse catholiques les mêmes armes et les mêmes injures qu'on employoit contre les Français. Sous ce rapport la France lui doit une statue: elle a rendu le système de ses ennemis odieux et absurde aux monarques mêmes; elle a rendu à la république le même service, que les démagogues par leurs excès, et Pitt par ses intrigues.

Catherine n'a point protégé efficacement les lettres dans ses états: c'est le règne heureux d'Elisabeth qui les avoit encouragées, et qui fut illustré par plusieurs productions dignes de prouver à l'Europe que les Russes peuvent prétendre à tous les genres de gloire [11]. Catherine fit par ostentation acheter des bibliothèques et des collections de tableaux; elle pensionna des flatteurs, et flatta les hommes célèbres qui pouvoient lui servir de trompettes; elle envoya volontiers une médaille, ou une tabatière, à l'écrivain allemand qui lui dédioit quelque ouvrage flagorneur: mais il falloit venir de loin pour lui plaire, et avoir déjà une grande réputation pour mériter ses suffrages et surtout ses récompenses; le génie seroit né à ses côtés, qu'elle ne l'eût point aperçu [12], et moins encore encouragé. Cependant, jalouse de toutes espèces de gloire, et surtout de celle que Frédéric l'Unique s'étoit faite par ses écrits, elle voulut aussi l'obtenir: elle écrivit sa célèbre *Instruction pour le Code*, plusieurs contes moraux et allégoriques pour l'éducation de ses petits-fils, et une quantité de pièces dramatiques et de proverbes qu'elle faisoit jouer et admirer à l'Hermitage. Sa grande et vaine entreprise de rassembler quelques mots de trois cents langues différentes dans un dictionnaire n'a pas été achevée.

De tout ce qu'elle a écrit, ses lettres à Voltaire sont certainement ce qui l'est le mieux: elles sont même bien plus intéressantes que celles du vieux philosophe courtisan, qui lui vendoit des montres et lui tricotoit des bas *, en lui retournant de cent manières les mêmes idées et les mêmes complimens, et lui répétant cent

---

* C'est ce qu'il lui dit dans une de ses lettres.

fois de chasser les Turcs de l'Europe, au lieu de lui conseiller de rendre libres les Russes. Si le code de Catherine prouve des vues grandes et sages, dignes d'une souveraine, ses lettres annoncent l'esprit, les graces et les talens d'une femme du plus grand mérite, et font regretter qu'elle ait été autocrate et sposicide.

Toute l'Europe retentit d'applaudissemens, lorsqu'elle publia cette Instruction pour le Code [13], et lui donna d'avance le nom de Législatrice du Nord. Catherine fit convoquer les députés des différentes nations de son vaste empire; et ce ne fut que pour leur en faire entendre la lecture et recevoir leur compliment: car aussitôt qu'ils eurent rendu cet hommage, on les renvoya chacun chez eux; les uns disgraciés à cause de leur fermeté, et les autres décorés de médailles à cause de leur bassesse. Le manuscrit de Catherine fut enfermé dans une cassette précieuse, pour être montré aux curieux étrangers. On laissa une espèce de comité pour s'occuper de la rédaction des lois; et, lorsque les favoris ou les ministres eurent quelques protégés dont ils ne savoient que faire, ou un bouffon qu'ils vouloient entretenir sans qu'il leur en coutât rien, ils le faisoient nommer membre de ce comité pour lui en faire tirer les appointemens [14]. Et cependant l'Europe répétoit que la Russie avoit des lois, parce que Catherine avoit compilé la préface d'un code, et soumis cent peuples différens au même régime d'esclavage [15].

Parmi les pièces de sa composition qu'elle faisoit jouer sur les théâtres de la ville [16], l'une est d'un genre nouveau; ce n'est, ni une tragédie, ni une comédie, ni un drame, ni un opéra, mais un assemblage de scènes de tous les genres, intitulé: OLEG, *représentation historique*. Elle fut jouée aux fêtes de la dernière paix avec les Turcs, avec une pompe extraordinaire et des décorations magnifiques: plus de sept cents personnes paroissent sur le théâtre. Le sujet est entièrement tiré de l'histoire russe, et en représente toute une époque. Dans le premier acte, *Oleg* jette les fondemens de Moscou: dans le second, il est à Kiew où il marie et établit sur le trône son pupille *Ygor*. Les anciennes cérémonies usitées aux mariages des tzars offrent des scènes très-piquantes, et des tableaux charmans formés par les jeux et les danses nationales qu'on exécute. *Oleg* part ensuite pour une expédition contre les Grecs: on le voit défiler avec son armée et s'embarquer. Au troisième acte, il se trouve à Constantinople. L'empereur Léon, forcé de signer une trêve, reçoit ce héros barbare avec la plus grande magnificence: on le voit manger à sa table, tandis que de jeunes Grecs, filles et garçons, chantent ses louanges en chœurs, et exécutent devant lui les anciennes danses de la Grèce. La dernière décoration représente l'hippodrome où l'on donne à *Oleg* le spectacle des jeux olympiques: un second théâtre s'élève ensuite dans le fond, et l'on joue devant la cour des scènes d'Euripide à la grecque. Enfin *Oleg* prend congé

congé de l'empereur, et append son bouclier à une colonne, pour attester son voyage à Constantinople et inviter ses successeurs à y revenir un jour. Cette pièce étoit absolument dans le caractère russe, et surtout dans celui de Catherine: elle y représentoit ses projets chéris, et le dessein de subjuguer enfin la Turquie tout en célébrant la paix. Ce n'est proprement qu'une magnifique lanterne magique, où l'on ne fait que passer en revue des objets différens: mais cette idée de mettre sur la scène les grands événemens de l'histoire, comme en tableaux, me paroît plus intéressante que les efforts de gosier de nos chanteurs, et les intrigues amoureuses de nos tragédies.

Catherine n'aimoit ni les vers ni la musique, et le disoit souvent: dans les entr'actes même elle ne pouvoit souffrir l'orchestre qu'elle faisoit taire ordinairement. Ce défaut de sensibilité dans une femme d'ailleurs si bien organisée paroît une chose étonnante: il explique comment Catherine, avec tant d'esprit et de génie, pouvoit être si impassible et si sanguinaire [117]. Dans son palais de Tauride, elle dînoit ayant devant les yeux les deux horribles tableaux des deux horribles massacres d'Otschakow et d'Ismaïl, où *Cazanova* a rendu, avec une vérité hideuse, le sang qui ruisselle, les membres déchirés et palpitans, la fureur des massacrans, et l'agonie convulsive des massacrés: c'étoit sur ces scènes d'horreur que ses yeux et son imagination s'arrêtoient, tandis que la *Gasparini* et *Mandini* chantoient, ou que *Sarti* faisoit exécuter un concert.

Cette même impératrice qui écrivoit des comédies; qui chérissoit Ségur à cause de son esprit, et écoutoit même quelquefois ses vers; qui faisoit jouer devant elle des farces ridicules par ses vieux courtisans, et surtout par le comte Stackelberg [18] et le ministre d'Autriche [19], rappeloit et disgracioit l'un de ses propres ministres, parce qu'il écrivoit ses dépêches avec esprit, qu'il faisoit de jolis vers français, qu'il avoit composé une tragédie, et qu'il vouloit illustrer son pays en faisant les éloges historiques des grands hommes de la Russie : c'étoit le prince Béloselsky, envoyé à Turin, homme de mérite et de goût, qui emploie une grande fortune à protéger les arts, et beaucoup d'esprit à les cultiver lui-même [20].

Si l'on excepte les voyages du célèbre Pallas, les recherches historiques du laborieux Müller [21], et quelques autres ouvrages sur l'histoire naturelle, aucun livre digne d'être connu ailleurs n'a honoré la Russie sous le règne de Catherine [22]. L'histoire naturelle et les mathématiques sont les seules sciences que les Russes aient un peu avancées, à l'aide des Allemands. Cependant aucune nation ne se trouve dans le cas de rendre des services plus essentiels aux sciences. L'histoire naturelle et l'histoire ancienne devoient en attendre les découvertes les plus étonnantes. Les ruines de vingt villes détruites attestent que la Tartarie et la Mongolie furent jadis habitées par des peuples policés; et les monumens qu'on y découvre encore réalisent les sublimes conceptions de Buffon et de Bailli. On a retrouvé des bibliothèques entières sous les ruines d'Ablai-Kitt, et dans les masures immenses qui bordent l'Irtisch. Des milliers de manuscrits en langues inconnues, et beaucoup d'autres en chinois, en kalmouk et en mantchoux, pourrissent dans les cabinets déserts de l'académie : ils se seroient mieux conservés, s'ils fussent demeurés ensevelis sous les ruines, jusqu'à ce qu'un gouvernement, ou un peuple moins barbare, les eût déterrés.

La meilleure histoire que l'on ait de Russie est sans contredit celle de *Lévêque*. Catherine haïssoit cet ouvrage, autant que celui de l'abbé Chappe, et elle se donna une grande peine pour compulser les anciennes chroniques, afin de relever quelques fautes et quelques erreurs de cet estimable historien : c'est qu'il avoit eu le courage, il y a déjà vingt ans, de laisser entrevoir que Catherine étoit la meurtrière de Pierre III et d'Yvan. Au reste il a bien mérité de la nation russe, parce qu'il est le seul, qui, à force de travaux, de patience et de talens, soit parvenu à rendre un peu intéressante aux étrangers une histoire aussi dégoûtante, aussi isolée que l'est celle de Russie jusqu'au règne de Pierre I [23]. Mais qui pourra écrire un jour dignement celle de Catherine [24]? Jusqu'à nos jours l'histoire n'a été qu'un recueil d'événemens choisis, artistement encadrés pour faire ressortir quelques personnages et former un tableau piquant. Les faits avérés sont comme des perles et des grenats que l'historien prend à sa fantaisie, pour les enfiler à un cordon noir ou blanc qui est son système : la vérité n'y paroît que lorsqu'elle convient. L'auteur immortel de l'histoire de Charles XII, de Pierre I, et du siècle de Louis XIV, dit même qu'il s'agit plus encore de dire des choses utiles que des choses vraies; comme si le faux pouvoit jamais être utile! Il écrit au comte Schouwalow: *En attendant que je puisse* arranger *le terrible événement de la mort du tzarèwitsch*, j'ai commencé un autre ouvrage. Est-ce là le langage d'un historien philosophe? Eh! si vous n'avez pas le courage de dire la vérité, que n'abandonnez-vous la plume de l'histoire? S'il est permis d'arranger un *terrible événement*, ce n'est que dans une tragédie ou dans un poëme épique. Le but de l'histoire n'est pas de célébrer un homme, mais d'instruire les peuples et d'endoctriner les gouvernemens.

Avant la mort de Catherine, la plupart des monumens de son règne ressembloient déjà à des débris: législation, colonies, éducation, institut, fabriques, bâtimens, hôpitaux [25], canaux, villes, forteresses, tout avoit été commencé et abandonné avant d'être achevé. Sitôt qu'un nouveau projet naissoit dans sa tête, elle quittoit tout le reste pour s'en occuper uniquement, jusqu'à ce qu'une autre idée vint l'en distraire encore. Elle abandonna son code pour chasser les Turcs d'Europe:

après la paix glorieuse de *Kainardgi*, elle parut s'occuper de l'administration intérieure; mais tout fut oublié pour se faire reine de Tauride. Le projet de rétablir le trône de Constantin renaquit: celui d'humilier et de punir le roi de Suède y succéda. Envahir la Pologne fut ensuite sa plus forte passion, et alors un autre Pougatchef auroit pu arriver jusqu'à Pétersbourg, sans lui faire lâcher prise. Elle est morte, méditant de nouveau la destruction de la Suède, la ruine de la Prusse, et dévorée de rage de voir la France et le républicanisme triomphans. C'est ainsi qu'elle étoit sans cesse emportée par une passion nouvelle et plus forte que la précédente; ce qui lui faisoit oublier l'ensemble et les détails de son gouvernement.

L'on a des médailles frappées en l'honneur de plusieurs bâtimens qui ne sont pas encore construits, entre autres l'église de marbre, qui, depuis vingt ans, est sur le chantier: plusieurs autres constructions tombent en ruines et n'ont jamais été finies.

Pétersbourg est encombré des masures de plusieurs vastes bâtimens qui s'écroulent avant d'avoir été habités. Les entrepreneurs et les architectes voloient l'argent; et Catherine, ayant le plan ou la médaille dans son cabinet, croyoit que l'entreprise étoit finie, et ne s'en occupoit plus.

L'almanach de Pétersbourg nomme deux cent quarante et quelques villes fondées par Catherine: c'en seroit peut-être davantage que ses armées en ont détruites; mais ces villes ne sont que de misérables hameaux dont elle changeoit le nom et la qualité par un *immennoï oukas*, un ordre suprême de sa majesté impériale; à peu près comme Paul ordonna depuis qu'un yacht seroit nommé frégate [26]. Plusieurs de ces villes même ne sont qu'un poteau, où l'on a écrit leur nom et marqué leur emplacement futur: en attendant qu'elles soient bâties, et surtout peuplées, elles figurent sur les cartes de Russie comme des métropoles [27].

Il est vrai que le prince Potemkin a fait bâtir en effet des villes et construire des ports en Crimée: ce sont de très-belles cages, mais il n'y a point encore d'oiseaux; et ceux qu'on tâche d'y attirer y meurent bientôt de regrets, s'ils ne peuvent s'envoler. Le gouvernement russe est oppresseur et conquérant; le Russe, guerrier et dévastateur: depuis que la Tauride est conquise, elle est déserte [28].

Cette manie de Catherine de tout ébaucher, sans rien finir, fit dire à Joseph II un mot plein de sel. Pendant son voyage en Tauride, elle l'invita à poser la seconde pierre de la ville d'*Ecatherinoslaw*, dont elle venoit de poser la première en grande cérémonie. Joseph de retour disoit: J'ai fini une grande affaire en un jour avec l'impératrice de Russie; elle a posé la première pierre d'une ville, et moi la dernière.

Les monumens qui subsisteront d'elle à Pétersbourg, aussi long-temps que les marais ne les engloutiront pas, c'est le superbe quai de la Néva, et la statue équestre de Pierre I. Mais quelque beau que soit ce dernier monument, il s'en faut de beaucoup qu'il remplisse l'idée que l'on s'en fait d'après des relations exagérées. On peut lui appliquer ces vers de Delille:

Du haut d'un vrai rocher, sa demeure sauvage,
La nature se rit de ces rocs contrefaits.

L'idée de placer le grand tzar sur un rocher scabreux qu'il a franchi, au lieu de piédestal ordinaire, étoit sans doute neuve et grande; mais elle a été bien mal exécutée. Le rocher qu'on transporta de Finlande jusqu'au bord de la Néva, avec des travaux infinis, étoit haut de 20 pieds et long de 40, et recouvert d'une mousse antique de quelques pouces d'épaisseur. On lui ôta ses formes brutes et libres pour lui en donner de régulières; on le tailla, on le polit, on le réduisit à moins de la moitié de sa grandeur: à présent c'est un petit rocher écrasé sous un grand cheval; et le tzar, qui devoit de là *contempler son empire plus vaste encore qu'il ne l'avoit conçu,* peut à peine voir dans le premier étage des maisons du voisinage [29]. Par une nouvelle contradiction, on a donné à Pierre I le même habit russe qu'il faisoit quitter par force et couper à ses sujets. Si cette statue avoit un piédestal proportionné à sa grandeur, ce seroit un chef-d'oeuvre admirable.

Il seroit bien intéressant de voir un tableau de Pétersbourg et de ses moeurs sous le règne de Catherine, dans le goût du tableau de Paris par le penseur Mercier. Mais, comme tous les ouvrages de génie, celui-ci n'a produit que de mauvaises imitations, à commencer par la description faite et parfaite de Berlin par Nicolai, et à finir par celle qu'un professeur Georgi a donnée de Pétersbourg: tous ces ouvrages sont aussi pauvres en idées et en utilité que riches en détails minutieux. Le comte d'Anhalt avoit donné, dans ce goût, une description de la maison impériale des Cadets, dont il étoit directeur général: on y trouve combien d'escaliers, de degrés, de croisées, de portes et de cheminées, a cet immense bâtiment; cela peut servir au ramonneur qui est chargé de les entretenir, mais qu'est-ce que cela apprend au public [30]?

M[r]. *Storch*, jeune Livonien laborieux et savant, a fait un ouvrage intitulé: *Tableau de Pétersbourg*, qui ne mérite pas d'être confondu avec ceux dont je viens de parler: mais ce tableau ressemble à Pétersbourg, comme le portrait qu'a fait Lampi ressemble à Catherine; il est à la chinoise, et sans ombres, comme l'auteur l'a pressenti lui-même. Il n'a manqué pourtant qu'une chose à Storch pour le rendre parfait; c'est de n'avoir pu le faire ailleurs qu'en Russie. Il le dédia à Catherine, qui récompensa l'auteur de ses peintures flatteuses, mais qui lui témoigna ensuite son mécontentement de ce qu'il adoptoit les caractères français pour écrire en allemand ses *Tableaux statistiques*, autre ouvrage qui donne des renseignemens très-exacts sur l'état de la Russie.

Pétersbourg, qui a des parties d'une magnificence et d'une beauté uniques, ne ressemble pas mal à l'ébauche d'un grand tableau, où l'on voit déjà un front semblable à celui de l'Apollon du Belvédère, et un oeil tel que l'on rendroit celui du Génie; tandis que le reste est à peine indiqué par des traits confus ou des lignes pointillées.

Pétersbourg étant habité par des colonies de différentes nations, rien n'est plus composé que les moeurs et les usages de ses habitans. On ne sait en général quel ton ni quelle mode y dominent. La langue française est celle qui sert de liaison entre les différens peuples, mais on y en parle également bien plusieurs. Pour peu qu'une société soit nombreuse, on se sert tour à tour de trois langues, la russe, la française et l'allemande; mais il n'est pas rare d'entendre, dans cette même société, des Grecs, des Italiens, des Anglais, des Hollandais, des Asiatiques, s'entretenir dans leur idiome.

A Pétersbourg, les Allemands sont artistes et artisans, surtout tailleurs et cordonniers; les Anglais, selliers et négocians; les Italiens, architectes, chanteurs et imagers, etc. mais on ne sait ce que sont les Français: la plupart changent d'état tous les ans; tel est venu laquais, s'est fait *outschitel*, et devient conseiller; on en a vu être tour-à-tour comédien, gouverneur, marchand, musicien et officier: on ne peut nulle part mieux remarquer combien le Français est inconstant, entreprenant, ingénieux et propre à tout.

Pour y retrouver les moeurs et le caractère de chaque nation, il faut pénétrer dans l'intérieur des maisons; car ce n'est que dans les rues que l'on vit à la russe. Chez les Français, on s'amuse à des jeux d'esprit, on soupe gaiement, on chante encore quelques vaudevilles qu'on n'a pas oubliés: chez les Anglais, on dîne à cinq heures, on boit du punch, on parle commerce: les Italiens font de la musique, dansent, rient, gesticulent; leur conversation roule sur les spectacles et les arts : chez les Allemands, on s'entretient de sciences, on fume, on discute, on mange beaucoup, l'on se fait force complimens: chez les Russes, on trouve tout pêle-mêle, et le jeu par dessus tout; il est l'ame de leurs sociétés et de leurs plaisirs, mais il n'en exclut aucun des autres divertissemens. L'étranger, le Français surtout, étoit surpris, enchanté après avoir longé les côtes inhospitalières de la Prusse, et traversé les champs sauvages de la Livonie, de retrouver au sein d'un vaste désert une ville immense et superbe, des sociétés, des plaisirs, des arts et des goûts, qu'il croyoit n'exister qu'à Paris.

Sous un climat comme celui de Pétersbourg, où l'on peut à peine jouir de quelques semaines de beaux jours; sous un gouvernement comme celui de Russie, où l'on ne peut s'occuper ni de politique, ni de morale, ni de littérature, les plaisirs de la société doivent être restreints et les jouissances domestiques perfectionnées. Le luxe et les commodités recherchées, la somptuosité et le bon goût des appartemens, la profusion et la délicatesse des tables, la gaieté et la frivolité des conversations, y dédommagent l'homme de plaisir de la gêne où la nature et le gouvernement tiennent son ame et son corps. Les danses, les festins, se succèdent : chaque jour peut être pour lui un jour de fête; et il trouve réunis dans une grande maison les chefs-d'oeuvres de tous les arts et les productions de tous les pays, et souvent même, au milieu des frimats, les jardins et les fleurs du printems.

Tzarskoe-Sélo est un immense et triste château, commencé par Anne, achevé par Elizabeth, usé par Catherine, et abandonné par Paul. La situation en est marécageuse, les environs déserts, et les jardins ennuyeux: les monumens, dont Catherine les a ornés, sont, ainsi que les bâtimens de Pétersbourg, un emblème de son caractère. A côté des obélisques, des colonnes rostrales, et des arcs de triomphe élevés aux Orlow, à Romanzow, et aux guerriers russes

russes qui ont subjugué l'Archipel et reconquis momentanément Lacédémone, on voit des tombeaux consacrés à quelques chiens chéris : non loin de là est aussi celui qu'elle éleva à l'aimable Landskoi, le plus aimé de ses favoris, et le seul que la mort arracha de ses bras. Voilà certes des monumens de trois genres de services différens bien rapprochés! c'est qu'un chien, un amant et un héros, sont apparemment la même chose pour une autocratrice. Au reste, tous ces monumens de la gloire et des amours de Catherine vont bientôt disparoître dans les marais fangeux qui leur servent de fondement.

Les Egyptiens qui faisoient travailler les peuples vaincus, et les Romains qui dépouilloient toutes les nations pour embellir Rome, ont exécuté des travaux immenses. Les Grecs libres se sont distingués par le goût et l'élégance de leurs bâtimens plutôt que par leur grandeur. Et la Russie étoit naguères le seul état qui pût entreprendre et exécuter ces constructions étonnantes que nous admirons dans l'antiquité, parce que les hommes y sont esclaves, et n'y coûtent que des oignons, comme en Egypte: aussi voit-on dans Moscou et dans Pétersbourg des édifices gigantesques. Cependant il n'y a pas même une chaussée pour unir ces deux capitales de l'empire, dans la médiocre distance de 200 lieues: c'est encore un de ces projets mort-nés de Catherine; et ce qu'on a commencé à faire ne sert qu'à encombrer et à rendre ce chemin ennuyeux plus impraticable encore. Catherine aimoit mieux employer deux ou trois millions de roubles à bâtir un triste palais de marbre pour son favori, qu'à construire un chemin utile à son peuple: un chemin étoit une chose trop commune pour elle [31].

O Catherine! ébloui par ta grandeur que j'ai vue de près, charmé de ta bienfaisance qui fit tant d'heureux, séduit par mille belles qualités qu'on admire en toi, j'ai voulu élever un monument à ta gloire; mais les torrens de sang que tu as versés accourent et le renversent. Le bruit des fers de tes trente millions d'esclaves m'étourdit: l'injustice et le crime qui ont régné en ton nom m'indignent; je brise ma plume, et je m'écrie: Désormais plus de gloire sans vertu! et que le crime et l'injustice sur le trône n'arrivent plus à la postérité, que couronnés des couleuvres de Némésis!

NOTES
DU SECOND CAHIER.

―――――――

1.

Que les altesses ou excellences russes, qui pourront lire ceci, ne se formalisent pas de se voir tout simplement nommer par leurs noms: je voulois les envelopper dans leurs titres comme une pillule dans son oripeau; mais souvent, à l'instant où j'écrivois, le monsieur devenoit comte, le comte prince, et le prince kniaiss; le conseiller, général, et le valet de chambre, excellence. Tout changeoit avec une telle rapidité sous la main créatrice de Paul, que j'ai dû m'en tenir au nom seul des personnages.

2.

C'est l'épithète dérisoire qu'elle lui donnoit. Ce jeune prince étoit très-jaloux, dès son enfance, du titre d'homme fait, qu'il s'efforçoit de mériter. Se promenant un jour dans un parc, deux femmes s'écrièrent: *Courons sur le chemin pour voir notre petit roi!* Gustave piqué leur cria: Eh, mesdames! en avez-vous donc un plus grand?

3.

La célèbre le Brun qui se trouvoit à Pétersbourg, et qui ne put obtenir l'honneur de la peindre vivante, l'envisagea morte et la peignit de souvenir et d'imagination: ce portrait dont je vis l'ébauche est très-ressemblant. Voici un conseil badin qu'on donnoit à Mad. le Brun, pour le rendre parfait: Prenez pour toile la carte de l'empire des Russies; les ténèbres de l'ignorance, pour le fond; les dépouilles de la Pologne, pour draperie; le sang humain, pour coloris; pour croquis, les monumens de son règne; et pour ombre, six mois du règne de son fils, etc.

4.

Le colonel étoit le despote de son régiment: il en avoit toutes les compagnies, tous les détails, et toute l'économie. L'armée russe vivant toujours comme à discrétion dans les pays où elle se trouve, soit soumis, soit amis, soit ennemis, les colonels emboursent presque toutes les sommes destinées à son entretien. Ils lâchent les chevaux dans les prairies, et les soldats chez les paysans pour s'y dédommager. Leurs appointemens sont 7 ou 8 cents roubles, mais leurs profits sur un régiment montent jusqu'à 15 et 20 mille. L'impératrice répondit une fois à un ministre qui la sollicitoit pour un pauvre officier : *S'il est pauvre, c'est de sa faute ; il a eu long-temps un régiment.* Le vol étoit donc permis, et la probité une sottise.

5.

Il fit surtout un acte de générosité qui n'a point trouvé d'imitateurs. Après l'éducation du grand-duc Paul, dont il étoit grand gouverneur, l'impératrice, entre autres récompenses, lui donna sept mille paysans, et ne donna rien aux aides de camp, aux secrétaires, etc. qui avoient été les collaborateurs employés par le comte Panin. Celui-ci leur distribua aussitôt les sept mille paysans qu'il avoit reçus, et j'ai vu plusieurs officiers qui sont encore riches de ce bienfait. Cette belle action ne fait pourtant pas oublier que les trois principales opérations de son ministère ont été désastreuses : l'échange du Holstein contre six vaisseaux que le Danemarck n'a jamais pu donner ; le premier partage de la Pologne, qui a fait naître l'envie du reste ; et l'éducation de

Paul, dont le caractère fait aujourd'hui le fléau de sa patrie, sont les tristes monumens qu'il a laissés.

6.

Il me tombe sous la main un livre intitulé : Vie de Catherine seconde, où l'auteur fait le calcul des sommes qu'ont tirées ses favoris. Mais que ce calcul est fautif et au-dessous de la vérité! et comment apprécier les sommes immenses qui ont enrichi les Orlow, les Potemkin et les Zoubow, puisque ces trois favoris puisoient dans les caisses de l'état comme dans leur propre bourse ?

7.

Ce qu'on a répandu en Europe de ses débauches, du vin de Champagne et de l'eau-de-vie dont elle s'enivroit, des grenadiers qu'elle faisoit monter chez elle, et cent autres contes, sont de pures calomnies.

8.

On a fait différens quatrains, tant pour servir d'épitaphe à Catherine que pour mettre sous son portrait: mais aucuns ne sont si bien frappés et ne la caractérisent si bien que les suivans ; ils sont de deux jeunes Russes, qui relèvent encore les qualités aimables de leur esprit par celles d'un grand caractère et d'un cœur généreux.

Elle fit oublier, par un esprit sublime,
D'un pouvoir odieux les énormes abus,
Et se maintint par ses vertus
Sur un trône acquis par le crime.

Celui-ci est très-flatteur, et n'en a pas moins de mérite :

Dans le sein de la paix, au milieu de la guerre,
A tous ses ennemis elle dicta la loi :
Par ses talens divers elle étonna la terre,
Ecrivit comme un sage, et régna comme un roi.

9.

A la révolution, Catherine fit ôter le buste de Voltaire de sa galerie, et le jeta dans un coin. Elle avoit demandé celui de Fox, à l'époque où cet homme éloquent, à la tête de l'opposition, empêcha son gouvernement de déclarer la guerre à la Russie. Lorsque ce même Fox s'opposa également à la guerre contre la France, elle fit aussi enlever et jeter ce buste, qu'elle avoit tant honoré un an auparavant.

10.

Les Américains mêmes devinrent à cette époque odieux à Catherine: elle condamna une révolution qu'elle avoit jadis feint d'admirer, titra Washington de rebelle, et disoit publiquement qu'un homme d'honneur ne pouvoit porter l'ordre de *Cincinnatus*. Langeron et quelques autres émigrés, qui avoient cet ordre, se hâtèrent d'y renoncer et ne le portèrent plus.

11.

Peut-être qu'un jour l'auteur de ces mémoires aura les matériaux et la tranquillité nécessaires, pour faire connoître aux Français la littérature russe. Ils seront surpris de voir combien elle se rapproche de la leur, pour la finesse, le sentiment, la gaieté et le goût. Le théâtre russe est surtout calqué sur le théâtre français. Le gouvernement, la langue et les moeurs, ont seuls imprimé quelque différence au caractère des deux nations.

12.

Plusieurs architectes, peintres, sculpteurs, mécaniciens et autres artistes remplis de talens, vivoient et mouroient inconnus et dans la misère, seulement parce qu'ils étoient Russes. On trouve tout au plus leurs noms dans quelques topographes, ou quelques voyageurs étrangers, qui leur ont rendu plus de justice que leur patrie.

13.

On sait que son Instruction pour le Code fut mise à *l'Index* et défendue en France : Catherine et Voltaire en railloient ensemble. Eh bien! qui auroit pu croire que, vingt ans après, tous les livres français seroient proscrits en Russie, et qu'un lieutenant de police de cette même Catherine confisqueroit à Pétersbourg, chez le libraire Gay, *l'Avis au peuple* par *Tissot*, en disant que le peuple n'avoit pas besoin d'avis, et que c'étoit un livre dangereux?

14.

L'auteur de ces mémoires a connu, entre autres, un certain Mitrophane Popow, bouffon, bigot, et explicateur des songes d'une dame de la cour, qui étoit membre de cette commission : il n'avoit jamais entendu parler de l'instruction pour le code, et n'étoit pas en état de la lire!

15.

L'instruction pour le code est si fidèlement tirée de Montesquieu et de Beccaria, que Mr. F.... de B...., qui s'étoit chargé de la traduire, ne crut pouvoir mieux faire qu'en copiant le texte de ces fameux écrivains. On peut s'en convaincre par sa traduction imprimée à Lausanne chez Grasset. C'est de cet homme respectable que l'auteur tient ce fait.

16.

Elles sont écrites en russe. Mr. Derjawin, secrétaire de Catherine, et connu par d'autres ouvrages, passe pour avoir été le faiseur, ou du moins le correcteur. Mais ce qu'il y a de certain, c'est qu'elle n'a jamais eu autour d'elle un homme en état de lui écrire *ses lettres à Voltaire* en français. Odart et Aubri, ses secrétaires à cette époque, n'écrivoient pas aussi bien qu'elle; elle en est incontestablement l'auteur.

17.

Parmi les estampes satiriques que l'on fabriqua en Pologne sur l'impératrice de Russie, l'une, intitulée *Repas de Catherine*, est surtout remarquable. On y voit l'impératrice seule à table. D'un côté, quelques cosaques lui présentent les membres sanglans des Suédois, des Polonais et des Turcs, qu'ils viennent d'égorger. De l'autre, de jeunes hommes nuds sont rangés, comme des tonneaux sur un cellier. Une vieille matrone, par une opération onanique, *fait jaillir dans les airs les liquides humains*, tire de ces futailles vivantes une liqueur qu'elle reçoit dans une coupe, et l'offre à boire à Catherine. On lit au bas de cette caricature atroce des vers qui en sont dignes, et qu'on ne peut traduire un peu décemment que de cette façon : Puisque tu aimes tant les hommes, mange leur chair, et bois le plus pur de leur sang.

18.

Dans les petites sociétés de Catherine, l'on jouoit à toute sorte de jeux de gages, d'esprit et de main. On y voyoit les vieux courtisans goutteux s'efforcer de faire des gambades, et le grand-duc Constantin y cassa un jour le bras au vieux comte de Stackelberg en le lutinant grossièrement et le renversant à terré. Ségur y avoit auparavant joué un rôle indigne de son rang et de son esprit. Parmi les vers qu'il fit en l'honneur de l'impératrice, les suivans, qui sont l'épitaphe d'une chienne, ont été souvent cités et méritent d'être conservés; ils respirent la galanterie française:

Pour prix de sa fidélité
Le ciel, témoin de sa tendresse,
Lui devoit l'immortalité,
Pour qu'elle fût toujours auprès de sa maîtresse.

19.

Jamais l'on n'a vu peut-être un ambassadeur être aussi long-temps et aussi bien à une cour que le comte de Cobenzl l'a été en Russie: il y avoit déjà été envoyé par Marie Thérèse, et confirmé depuis par tous ses successeurs. C'est un homme d'une figure ignoble et lourde; mais il est plein d'esprit, et surtout de celui qui amuse les femmes. Il fut dix ans l'adorateur assidu de la belle princesse Dolgorouka, et Catherine aimoit sa société. Sa passion étoit de faire jouer et de jouer lui-même la comédie, et il s'en acquitte fort bien: mais, âgé de près de soixante ans, il se donnoit le ridicule de prendre régulièrement des leçons de chant; et souvent un courier de Vienne, lui apportant la nouvelle de quelque événement ou de quelques défaites, le trouvoit devant son miroir, répétant un rôle, déguisé en comtesse d'Escarbagnas ou de Croupillac, etc. Les mauvaises dépêches qu'il recevoit sans cesse pendant la guerre ne l'empêchoient pas de donner régulièrement des fêtes, des bals, et des spectacles chez lui. On disoit même, en apprenant quelque victoire de Buonaparte : *Bon, nous aurons un bal samedi chez l'ambassadeur.* Catherine, choquée de cette fureur dramatique, dit un jour : *Vous verrez qu'il nous garde sa meilleure pièce pour le jour de l'entrée des Français à Vienne.*

20.

Il s'est fait connoître par plusieurs poésies, et surtout par une Epitre aux Français, où il semble être français lui-même, et où *il leur jette des lauriers qui retombent sur lui.* Voltaire lui écrivit une lettre flatteuse, et lui renouvella le même compliment qu'il avoit fait auparavant au célèbre auteur de l'Epitre à Ninon.

21.

C'est ce même Müller qui fit une si judicieuse critique de la prétendue histoire de Pierre I, et de qui Voltaire écrivoit : *C'est un Allemand ; je lui souhaite plus d'esprit et moins de consonnes.* Voltaire s'étonnoit fort que les Russes prétendissent mieux savoir leurs noms, et ceux de leurs provinces et de leurs villes, que le dictionnaire de la Martinière, et qu'ils se plaignissent de les voir estropiés. Il s'obstinoit à écrire Roumanou, Schouvalou, etc. au lieu de Romanow et Schouvalow, comme si la terminaison de *philosophe* étoit plus barbare que celle de *Chanteloup.* Il ne voulut point écrire les noms russes comme on les prononçoit ; et cependant, pour montrer qu'il savoit un nom chinois, il affectoit d'écrire souvent *Confutzée*, que nous nommons *Confucius.*

22.

Plusieurs hommes de lettres célèbres en Allemagne, comme Klinger, penseur hardi et caustique, et Kotzebue, écrivain dramatique dont les plagiats déshonorent quelquefois les talens, écrivoient en Russie ; mais ils se gardoient bien, surtout le premier, d'y faire imprimer leurs ouvrages. Kotzebue pourtant étoit digne qu'on lui pardonnât ses bons ouvrages, en faveur de son Langhans, mauvaise imitation de Candide, et de sa traduction des oeuvres de Derjawin et de sa fuite à Paris. Les ouvrages topographiques et statistiques de l'élégant Storch mériteroient encore une exception, s'il avoit osé imprimer comme il écrivoit,

23.

Ceux qui prétendront mieux faire que lui, au lieu de le mal critiquer, comme l'a fait *Le Clerc*, doivent passer dix ans en Russie, apprendre la langue, étudier les mœurs, consulter les anciennes annales du pays, les histoires de Talischeff, du prince Scherbatow, et surtout les immenses matériaux qu'ont laissés Müller, Bachmeister, etc.

24.

Ce ne sera que quelque Russe, comme j'en connois un ou deux; mais il faudra qu'il vienne l'écrire hors de son pays. En attendant, un étranger qui ne connoît ni les personnages, ni les mœurs, ni le local, aura beau assembler quelques faits historiques dans un cadre maladroitement fabuleux, et intituler ce livre : Histoire de Catherine II, ce ne sera pas son histoire. On pourroit se contenter de semblables relations, s'il s'agissoit d'un empereur de la Chine. Au reste, on voit que l'auteur anonyme, dont je parle, a eu de bons mémoires pour certaines époques; mais si ceux qui lui ont fourni ces matériaux avoient pu écrire le livre, on y trouveroit moins d'erreurs pour les lieux, les personnes et les tems.

25.

25.

Un hôpital de la fondation de Catherine mérite pourtant d'être cité comme un établissement caractéristique; il est destiné à recevoir 50 dames attaquées du mal vénérien. On ne demande ni le nom, ni les qualités de celles qui se présentent, et elles sont traitées avec autant de soins que d'égards et de discrétion. Ce dernier mot est même brodé sur le linge qu'on leur donne pour leur usage.

26.

C'est effectivement ce qu'il a fait.

27.

Catherine fit, à grands frais, bâtir près de Tzarskoé-Célo la ville de Sophie, dont l'enceinte est immense : les maisons tombent déjà, et n'ont jamais été habitées. Si c'est là le sort d'une ville élevée sous ses yeux, quel doit être celui des cités qu'elle fondoit dans les déserts éloignés ? Mais la ville la plus ridicule qui existe, est sans doute celle de *Gatschina* dont Paul est fondateur. Ces gens-là prennent les hommes pour des cicognes, qu'on attire en posant une roue sur un toit, ou sur un clocher. Depuis le superbe Potsdam jusqu'au ridicule Gatschina, toutes ces constructions forcées prouvent que la culture, le commerce et la liberté, sont les vrais fondateurs des villes : les despotes n'en sont que les destructeurs ; ils ne savent bâtir et peupler que des prisons et des casernes.

28.

Un savant, de mes amis, voyageoit en Tauride sous la protection du gouvernement, pour y faire des recherches. Il arrive un jour à la demeure d'un Tartare qui menoit une vie patriarchale, et qui lui donna l'hospitalité. Mon ami, s'apercevant que son hôte étoit triste, lui en demanda la raison. — Ah ! j'ai un grand chagrin ! — Ne pourrois-je donc le savoir ? — Les soldats russes qui sont dans mon voisinage viennent tous les jours me couper les arbres fruitiers qui me nourrissent et qui m'ombragent, pour les brûler ; et je verrai bientôt ma tête chauve exposée à l'ardeur du soleil. — Mais il faut vous plaindre à leur chef. — Je l'ai fait. — Eh bien ? — Il m'a répondu qu'il me paieroit deux roubles par pied d'arbres fruitiers qu'on m'a coupés, *et autant pour chacun de ceux qu'on me couperoit encore à l'avenir.* Ah ! je ne demande point d'argent : qu'on me laisse au moins mourir en paix à l'ombre des arbres que mes pères ont plantés ; ou il faudra bien que je suive mes malheureux frères qui ont été obligés de fuir leur patrie : et le vieillard laissoit tomber des larmes le long de sa barbe blanche et touffue.

29.

D'Orbeil avoit adressé à Catherine des vers où se trouvoit ce joli quatrain :

C'est par tes soins que le bronze respire
Sur ce rocher de Thétis aperçu,
Et que le tzar découvre son empire
Plus vaste encor qu'il ne l'avoit conçu.

30.

Cette description de Pétersbourg n'est pas même exacte dans ses détails. Il fait l'honneur à l'auteur de ces mémoires de le nommer parmi les gens de lettres, qui s'y trouvent : mais, confondant les noms, les qualités et les ouvrages, il ne fait qu'un personnage du général Mélissino, du major M. et de son frère. Et il étoit pourtant à Pétersbourg ! et il les connoissoit ! Fiez-vous après cela aux descriptions.

31.

Paul, bien loin d'achever les travaux les plus utiles commencés par sa mère, comme les quais, les canaux et les chemins, élève à son tour des églises et des palais : Il y en a déjà plus qu'il n'en faut pour loger toutes les altesses impériales du monde, et tous les saints du paradis. Mais les monumens les plus nombreux qu'il érige sont des maisons d'exercice, des casernes, des corps-de-garde et surtout des guérites. Heureusement que toutes ces constructions sont de bois, et ne dureront guères plus que leur fondateur.

TROISIEME CAHIER.
DES FAVORIS.

DES FAVORIS.

Catherine érige leurs fonctions en charge de cour. Son tempérament et sa générosité en amour. Son impudeur. Instalation de Zoubow. Suite des douze favoris en titre. Dernières débauches de Catherine. Petit hermitage : petite société. Réticence.

Elizabeth d'Angleterre, Marie d'Ecosse, Christine de Suède, toutes les impératrices de Russie, et la plupart des femmes qui ont été maîtresses d'elles-mêmes, ont eu des favoris ou des amans. Leur en faire un crime, seroit d'un rigoriste peu galant. Mais Catherine II seule, réalisant les fables de la reine d'Achem, et subordonnant l'amour, le sentiment et la pudeur de son sexe, à des besoins physiques impérieux, a profité de sa puissance pour donner au monde un exemple unique et scandaleux. Pour satisfaire son tempérament, elle eut l'impudence d'ériger une charge de cour avec un logement, des appointemens, des honneurs, des prérogatives et surtout des fonctions déterminées ; et de toutes les charges, cette charge fut la plus scrupuleusement remplie : une courte absence, une maladie passagère de celui qui l'occupoit, suffisoient quelquefois pour le faire remplacer. C'étoit d'ailleurs l'emploi pour lequel *l'auguste souveraine* montroit le plus de choix et de discernement. Je crois qu'il est sans exemple qu'elle y ait élevé un sujet incapable : et, excepté l'interrègne entre Lanskoï et Yermolow, elle ne l'a pas une seule fois laissé vingt-quatre heures vacant.

Douze favoris en titre et en fonction se sont succédés dans cette place, devenue la première de l'état. Plusieurs de ces favoris, se bornant au principal devoir qu'elle prescrivoit, et n'ayant guères d'autre mérite que celui de e bien faire, eurent peu d'influence hors la chambre à coucher, les bains et le boudoir. D'autres déployèrent de l'ambition, de l'audace, et surtout de la suffisance, obtinrent un crédit immense, ou conservèrent de l'ascendant sur l'esprit de Catherine, après avoir perdu son coeur ou renoncé à ses faveurs intimes. D'autres encore ayant lassé leur amante, ou usé leur jeunesse et leur santé en l'aimant, conservèrent sa reconnoissance et son amitié, et, jugés incapables de servir la souveraine en particulier, furent encore réputés dignes de servir l'empire en public.

C'est un trait bien remarquable du caractère de Catherine, qu'aucun de ses favoris n'encourut sa haine ou sa vengeance : cependant plusieurs l'offensèrent, et ce ne fut pas toujours elle qui les quitta. On n'en vit aucun de puni, aucun de persécuté : ceux qu'elle disgracioit alloient dans les pays étrangers étaler ses faveurs et dissiper ses trésors, puis revenoient encore jouir tranquillement de ses bienfaits au sein de leur patrie; cependant leur terrible amante eût pu les anéantir. Certes Catherine paroît ici au-dessus de toutes les femmes galantes et lascives qui ont existé. Est-ce grandeur d'ame, ou manque de passion? Peut-être eut-elle des besoins, et jamais d'amour : peut-être respecta-t-elle encore dans ses amans les faveurs dont elle les avoit honorés. Il semble pourtant qu'un amant ne fût souvent pour elle qu'un instrument de volupté, qui lui parut plus commode que ces phalus dont se servoient jadis les prêtresses de Cérès, de Cybèle, d'Isis et même celles de la divine Marie. Loin de les briser après s'en être servie, elle aima mieux les ériger en trophées de ses exploits et de ses plaisirs.

Soltykow, Orlow et Lanskoï, furent les seuls que la mort lui ravit : les autres, survivant à ses amours, et pouvant par dépit révéler ses foiblesses ou ses turpitudes, possédoient en paix des places ou des richesses, qui les rendoient encore un sujet d'envie pour l'empire entier. Elle se contenta de congédier un *Korsakow* qu'elle surprit sur son lit même dans les bras de sa dame d'honneur, et de céder *Momonow* à une jeune rivale. Certes voilà des traits bien extraordinaires, bien rares dans une femme, dans une amante, dans une impératrice. Il y a loin de cette conduite grande et généreuse à celle d'une Elizabeth d'Angleterre qui faisoit décapiter ses favoris et ses rivales, et à celle d'une Christine de Suède qui fit assassiner l'un de ses amans en sa présence.

Mais Catherine, avec tout le génie et l'esprit qu'elle a montré, avec toute la décence qu'elle affectoit extérieurement, doit avoir bien connu et bien méprisé les Russes, pour avoir osé élever si souvent à côté d'elle tant de jeunes gens tirés de la foule, et les offrir aux respects et aux hommages de toute la nation, sans autres titres que ceux dont elle avoit à rougir. Comment put-elle s'imaginer que savoir lui plaire, c'étoit savoir gouverner? Il suffisoit à son amant d'avoir couché avec elle une nuit, pour s'asseoir le jour suivant sur son trône à ses côtés.

Il suffira de détailler comment Zoubow, dernier favori, fut installé, pour faire connoître à mes lecteurs indignés comment la chose arrivoit, et comment Catherine prostituoit son âge, son sexe et son rang.

Platon Zoubow étoit un jeune lieutenant aux gardes à cheval, protégé par Nicolas Soltykow dont il étoit un peu parent, et de qui l'ami qui me fournit une partie de ces mémoires étoit alors aide de camp. En cette qualité, il se trouvoit souvent placé à côté de Zoubow, et il recherchoit même cet avantage à table. Zoubow parloit fort bien français : il avoit eu quelque éducation, et montroit un esprit liant et poli, parloit un peu littérature, et faisoit de la musique. Il étoit d'une taille moyenne, mais souple, nerveuse et bien prise : il avoit le front haut et spirituel, les yeux beaux ; et son visage n'avoit point encore cet air allongé, froid et vaniteux, qu'on lui a vu depuis. Lorsqu'au printems de 1789 l'impératrice alla à Tzarskoé-Célo, il sollicita de son protecteur la faveur d'être nommé pour commander le détachement qui la suivit, et, l'ayant obtenue, il dîna avec Catherine. A peine la cour fut-elle arrivée, que la rupture avec Momonow éclata; ce favori fut marié et renvoyé. Zoubow se trouva le seul jeune officier en vue; et il paroît que ce fut à cette circonstance heureuse pour lui, plutôt qu'à un choix médité de Catherine, qu'il dut la préférence. Potemkin absent, Nicolas Soltykow, alors en grand crédit, introduisit et servit le jeune Zoubow avec d'autant plus de zèle qu'il espéroit s'en faire un appui contre l'altier Potemkin, dont il étoit le seul contempteur à la cour. Après quelques entretiens secrets en présence du mentor [2], Zoubow fut goûté, et adressé *pour plus ample informé* à Mlle. Protasow et au médecin du corps [3]. Le compte qu'ils rendirent dut être avantageux: il fut nommé aide de camp de l'impératrice, reçut un cadeau de cent mille roubles pour se faire des chemises, et fut installé dans l'appartement des favoris, avec tous les avantages acoutumés. Le lendemain, on vit ce jeune homme donnant familièrement le bras à sa souveraine, un grand chapeau à plumet sur la tête, chamarré de son nouvel uniforme, suivi de son protecteur et des autres grands de l'empire qui marchoient derrière lui chapeau bas. — Il avoit fait la veille antichambre chez eux.

Le soir, après le jeu, on voyoit Catherine congédier sa cour et rentrer dans sa chambre à coucher, suivie de son favori seul : quelquefois son fils et ses petits-fils étoient présens. Voilà comme elle scandalisoit impunément sa cour, et se rendoit méprisable à ceux qui devoient la respecter.

Le lendemain, les vieux généraux, les anciens ministres, remplissoient les antichambres de la nouvelle idole, et tout se prosternoit devant elle. C'étoit un génie que l'oeil perçant de Catherine avoit aperçu : les trésors de l'empire lui étoient prodigués ; et rien ne peut être comparé à l'impudeur de Catherine, que la bassesse et les empressemens honteux de ses courtisans [4].

Peut-être sera-t-on curieux de lire ici la suite des favoris en titre qu'a eus Catherine, et qui ont plus ou moins régné sur la Russie au nom de leur auguste amante.

1. *Serge Soltykow*

fut le premier ; et l'on prétend même qu'il eut les premières faveurs de Catherine encore grande-duchesse, parce qu'un obstacle physique empêchoit Pierre III de les cueillir. Il passe en Russie pour être le véritable père de Paul. Soltykow aimé et heureux devint indiscret, et fit des jaloux. Elizabeth le bannit honnêtement de la cour, et il mourut dans l'exil [5].

2. Stanislas Poniatowski

le fit bientôt oublier. Il étoit alors envoyé de Pologne à Pétersbourg : beau, galant et spirituel, il plut à la jeune Catherine, qui lui donna bientôt des rendez-vous où il fut heureux. Pierre III les troubla quelquefois, quoiqu'il fût peu jaloux, et qu'il préférât sa pipe, sa bouteille, ses soldats et sa maîtresse, à son aimable femme. On sait comment Catherine, devenue impératrice, fit donner la couronne de Pologne à son amant. Son règne désastreux prouva que, lorsque l'amour donne une couronne, il est aussi aveugle que la faveur en distribuant les emplois et le crédit. Stanislas fut le plus aimable des hommes et le plus lâche des rois. Comment un homme aussi pusillanime a-t-il pu captiver un instant l'estime de l'Europe ? et cependant qui ne l'a pas admiré ? Quelle contradiction entre ses sentimens, ses discours et sa conduite ! A la dernière diète, le généreux nonce *Kamar* lui dit publiquement, en le

voyant

voyant vaciller: « Quoi! sire, n'êtes-vous donc plus le même, qui, en signant la constitution du 3 mai, nous disoit: *Que ma main sèche plutôt que de souscrire à tout acte contraire?* Toute l'Europe vous accuse de n'être que le roi de Catherine: justifiez-la du moins de vous avoir couronné, en lui montrant que vous savez régner [6]!". Et cependant l'indigne Stanislas signa, quelques jours après, l'accord qui démembroit pour la seconde fois la Pologne, et par lequel il avouoit formellement qu'il n'avoit été qu'un factieux et un rebelle, en établissant une constitution raisonnable, qui lui donnoit, à lui roi, plus d'autorité, et promettoit à sa nation plus de liberté et de bonheur [7]. Si, à cette époque, il eût au moins abdiqué une dignité qu'il déshonoroit, il eut excité de l'intérêt: mais il n'inspira que du mépris. Il ne sut ni être roi, ni cesser de l'être: il n'eut pas même le bon esprit et la fierté d'Arlequin, qui, lorsqu'on veut lui arracher de force sa barette, et qu'il ne peut plus la défendre, la jette à terre en disant: Tenez, la voilà ! Il aima mieux traîner sa vieillesse dans l'opprobre, et venir mourir à Pétersbourg dans l'humiliation [8].

De tous les favoris de Catherine, Stanislas fut le seul qu'elle se plut à humilier, après l'avoir élevé. La loyauté et le patriotisme, qui parurent un instant combattre dans le coeur du roi sa reconnoissance et son assujettissement, furent un crime aux yeux de la fière tzarine. Elle étoit indulgente en amour, mais implacable en politique, parce que l'orgueil fut sa plus forte passion, et que l'amante fut toujours en elle maîtrisée par l'impératrice.

3. GRÉGOIRE ORLOW,

dont la faveur fut si longue et si brillante, et dont l'histoire est si essentiellement liée à celle de Catherine, sembla partager avec elle le trône où il l'avoit placée [9]. Il réunit tous les pouvoirs et tous les honneurs qu'on a vus depuis décorer Potemkin et surcharger Zoubow. Il avoit beaucoup de la hauteur et du caractère, que déploya le premier. Quoiqu'il fût jeune et robuste, son frère Alexis, d'une force d'Hercule et d'une taille de Goliath [10], lui fut associé dans ses fonctions particulières auprès de l'insatiable Catherine, alors dans toute la vigueur de l'âge. Elle eut de Grégoire un fils avoué, qu'on nomma *Basile Grégoré-witsch Bobrinsky*; qu'elle fit élever au corps des cadets, et dont l'amiral Ribas, alors instituteur dans ce corps, devint le gouverneur [11]. Deux jolies demoiselles d'honneur, que la Protasow, première femme de chambre, élevoit comme ses nièces, passent aussi pour être filles de Catherine et d'Orlow. C'est pour ce célèbre favori qu'elle fit construire le triste palais de marbre, où elle eut l'impudence de faire sculpter cette inscription : *Par l'amitié reconnoissante*. Elle fit aussi frapper en son honneur une grande médaille, à l'occasion du voyage qu'il fit à Moscou pour y rétablir l'ordre et en chasser la peste: il y est représenté en Curtius qui se précipite dans le gouffre, avec cette inscription:

Et la Russie aussi produit de tels enfans ;

mais ce n'est pas en se précipitant dans ce gouffre-là [12], qu'il mérita le mieux de Catherine. Le château de Gatschina, qu'habite aujourd'hui Paul, est encore un monument du prince Orlow. Douze ans de jouissance, et les hauteurs de cet amant, lassèrent enfin sa souveraine, affermie sur le trône; et, après une longue lutte, Potemkin l'emporta. Le triomphe de son rival, et l'inconstance de Catherine qu'il nommoit hautement ingrate, firent un tel effet sur lui, qu'il en perdit enfin la santé et la raison. L'orgueilleux, le puissant, le brillant Orlow, mourut dans une horrible démence, se barbouillant le visage de ses excrémens, dont il se nourrissoit comme un autre Ezéchiel [13].

4. Wasiltschikow,

que Panin produisit pendant une absence d'Orlow, remplit les intervalles qu'il y eut entre les deux fiers rivaux. Il ne fut que l'instrument des plaisirs de Catherine.

5. Potemkin.

Il vint un jour hardiment s'emparer des appartemens de son prédécesseur, et attesta sa victoire en se rendant ainsi maître du champ de bataille qu'on lui avoit disputé long-tems. Sa passion, sa hardiesse, et sa taille colossale, avoient charmé Catherine. Il fut le seul de ses favoris qui osa en devenir amoureux, et qui lui épargna des avances qu'elle étoit toujours obligée de faire : il parut même vraiment et romanesquement épris [14]. Il adora d'abord sa souveraine comme une amante, et la chérit ensuite comme sa gloire. Ces deux grands caractères semblèrent créés l'un pour l'autre : ils s'aimèrent, ils s'estimèrent encore en cessant d'être amoureux ; et la politique et l'ambition les enchaînèrent, quand l'amour les eut dégagés.

Je laisserai aux voyageurs le soin de détailler la pompe de ses fêtes, le luxe barbare de sa maison, et la valeur de ses brillans ; et aux écrivailleurs allemands, celui de raconter combien il avoit de billets de banque reliés en guise de livres dans sa bibliothèque, et combien il payoit les cerises dont il avoit coutume d'offrir tous les premiers jours de l'an un plat à son auguste souveraine ; ou ce que coûtoit la soupe de *sterlet*, qui étoit son mets favori ; ou comment il envoyoit un courier à quelques cents lieues, pour chercher un melon ou un bouquet à ses maîtresses [15]. Ceux qui voudront voir son portrait caractéristique, le trouveront tracé supérieurement dans le livre intitulé : Histoire de Catherine II ; et des détails sur la vie politique de Potemkin me conduiroient trop loin. L'un de mes amis, qui l'a suivi dans ses campagnes, s'en occupe d'ailleurs en ce moment, et est plus à même que moi de satisfaire la curiosité sur cet homme extraordinaire.

Il créoit, ou détruisoit, ou brouilloit tout; mais il vivifioit tout. Absent, on ne parloit que de lui: présent, c'étoit lui seul qu'on voyoit. Les grands, qui le haïssoient, et qui jouoient quelque rôle tandis qu'il étoit à l'armée, sembloient à son aspect rentrer en terre et s'anéantir devant lui. Le prince de Ligne, qui lui écrivoit des flagorneries [16], disoit: Il y a du gigantesque, du romanesque et du barbaresque dans ce caractère-là; et c'étoit vrai. Sa mort laissa un vide immense dans l'empire, et cette mort fut aussi extraordinaire que sa vie. Il avoit passé près d'un an à Pétersbourg, se livrant à toutes sortes de plaisirs, même de débauches, oubliant sa gloire, et étalant ses richesses et son crédit avec un faste insultant. Il recevoit les plus grands de l'empire comme ses valets, daignoit à peine apercevoir *le petit Paul*, et passoit quelquefois dans les appartemens de Catherine, les jambes nues, les cheveux épars, et en robe de chambre. Le vieux Repnin profita de son absence à l'armée pour battre les Turcs, et les forcer à demander la paix; et fit plus en deux mois que Potemkin n'avoit fait en trois ans. Celui-ci, qui vouloit encore traîner la guerre, se réveille à ces nouvelles, et part [17]; mais il emportoit la mort dans son sang. Arrivé à Jassy, qui étoit depuis long-tems son quartier général, ou plutôt sa capitale et sa cour, il est sombre, mélancolique, dévoré d'inquiétude, impatient de sa maladie. Il veut lutter avec elle et la vaincre par son tempérament de fer: il se rit de ses médecins, se nourrit de viandes salées et de raves crues. Son mal empire; il veut se faire transporter à Otschakow, sa chère conquête: à peine a-t-il fait quelques verstes, que l'air de sa voiture semble l'étouffer. On étend son manteau sur le bord du chemin; on le couche dessus, et il expire dans les bras de sa nièce *Branitska* qui l'accompagnoit. Catherine, à la nouvelle de sa mort, tomba trois fois en foiblesse; il fallut la saigner: on la crut mourante; elle montra presque la même douleur qu'à la mort de Lanskoï. Mais ce n'étoit plus un amant qu'elle perdoit; c'étoit un ami, dont le génie s'étoit identifié avec le sien, qu'elle regardoit comme l'appui de son trône et l'exécuteur de ses vastes projets. Catherine, assise sur un trône usurpé, haïe de son fils, étoit femme et timide : elle s'étoit accoutumée à voir un protecteur dans Potemkin, dont la fortune et la gloire étoient si bien liées à la sienne. Elle parut se retrouver étrangère, elle commença à craindre son fils, et ce fut alors qu'elle s'étaya de son petit-fils Alexandre qui sortoit de l'enfance, et commença à l'opposer à son père.

Quel contraste, quelle leçon offre la mort des trois plus grands personnages de la Russie! Orlow qui régna douze ans à côté de Catherine, partageant son trône et son lit, finit par se nourrir de ses excrémens, et meurt dans une démence pitoyable. Potemkin, le puissant, le magnifique Potemkin, le fondateur de tant de villes et de palais, le conquérant d'un royaume, expire sur un grand chemin. Et Catherine elle-même tombe de sa chaise percée, et rend l'esprit sur le plancher en poussant un cri lamentable !

Les richesses de Potemkin ont été exagérées. Elles n'approchèrent point de celles de Mentschikow, et surtout de celles qu'avoit amassées l'indigne Biron : le dernier favori même en possède de plus considérables. Potemkin puisoit à la vérité directement dans les caisses de l'état; mais aussi il dépensa beaucoup pour l'état, et se montra grand-prince de Russie autant que favori de Catherine. Zoubow a puisé comme lui dans le trésor public, et n'a jamais dépensé un rouble pour le public.

Ce qui distingue Potemkin de tous ses collègues, c'est qu'en perdant le coeur de l'impératrice, il ne perdit point sa confiance. Lorsque l'ambition eut remplacé chez lui l'amour, il conserva tout son crédit ; et ce fut lui qui donna de nouveaux amans à son ancienne maîtresse. Tous les favoris qui lui succédèrent lui demeurèrent subordonnés.

6. Zawadowsky

fut celui qu'il présenta à Catherine pour remplir les fonctions physiques, lorsqu'ils furent fatigués de les exercer ensemble. Il étoit jeune, vigoureux, bien fait; mais le goût qu'on avoit pour lui passa bientôt. Il avoit été secrétaire : sa disgrace n'eut point d'éclat; il resta dans les affaires du cabinet, et fut fait conseiller privé. Il vit encore, riche des premiers bienfaits de son amante.

7. Zoritsch,

sur qui l'inconstante Catherine jeta ensuite ses regards, est le seul étranger qu'elle ait osé créer son favori pendant son règne. C'étoit un *Servien* échappé du bagne de Constantinople où il étoit prisonnier: il parut, pour la première fois, en habit de hussard à la cour. Il éblouit tout le monde par sa beauté, et les vieilles dames en parlent encore comme d'un Adonis. D'abord protégé par Potemkin, il voulut en secouer le joug, se brouilla avec lui, et l'appela en duel. Il n'avoit pas l'esprit assez cultivé encore pour captiver celui de Catherine; elle le renvoya, au bout d'un an, en le comblant de biens. Il obtint la ville de *Schklow*, qu'on érigea pour lui en espèce de souveraineté, exemple unique en Russie. Il y vit en prince, tenant une cour, et accueillant les étrangers. S'il s'est enrichi des dépouilles de l'état, il lui en rend une partie assez noblement: il a fondé à *Schklow* un corps de cadets, où il fait élever à ses frais deux cents jeunes officiers. Malgré ces occupations, et les jeux, les spectacles et les plaisirs, où il se ruine, il s'ennuie dans sa principauté. Il sollicitoit envain, depuis plusieurs années, la permission de reparoître à Petersbourg ; elle ne lui fut point accordée : mais Paul vient de l'appeler à sa cour.

8. KORSAKOW,

espèce de petit-maître russe, élevé du corps de garde du palais, où il faisoit le service de sergent et où Catherine le remarqua, jusqu'au lit de sa souveraine. Il fut ingrat ou infidèle. Catherine le surprit elle-même sur son propre lit, tenant dans ses bras la belle comtesse Bruce, sa dame d'honneur et sa confidente. Stupéfaite, elle se retira, et ne voulut revoir ni son amant, ni son amie ; elle n'en tira point d'autre vengeance.

9. LANSKOI,

chevalier-garde, s'étoit déjà fait remarquer [18]. Il fut bientôt l'amant le plus aimé et parut le plus digne de l'être. Il étoit beau, rempli de douceur et de graces, amateur des arts, ami des talens, humain, bienfaisant : tout le monde sembloit partager, en sa faveur, la prédilection de la souveraine. Il eût peut-être acquis, par les qualités de son esprit, autant de crédit que celles de son coeur lui faisoient de partisans. Potemkin le craignit, et l'empoisonna, *dit-on* ; il expira dans des coliques affreuses. Catherine lui prodigua en vain les soins les plus tendres : ses baisers recueillirent son dernier soupir. Elle s'enferma pendant plusieurs jours, qu'elle passa dans le désespoir. Elle accusa le ciel, voulut mourir, cesser de régner, et juroit de ne plus aimer. Elle aimoit vraiment Lanskoï : sa douleur se tourna en colère contre le médecin qui n'avoit pu le sauver ; il fut obligé de se jeter aux pieds de sa souveraine, et de lui demander grace pour l'impuissance de son art. Veuve décente et affligée, elle porta le deuil de son amant ; et, nouvelle Artémise, elle lui érigea un mausolée superbe auprès de Tzarskoé-Célo. Elle laissa passer plus d'un an, avant de le remplacer: mais, comme une autre matrone d'Ephèse, elle lui donna un indigne successeur; ce fut

10. Yermolow,

le moins aimable et le moins bien fait de tous ceux qu'elle avoit choisis, qui la consola enfin du beau, du tendre Lanskoï. Il déplut cependant à Potemkin, avant de cesser de plaire à Catherine; et le fier favori exigea et obtint le renvoi de l'amant, qui ne resta point deux ans en fonction.

11. Momonow,

qui lui avoit disputé sa faveur, le remplaça. Momonow étoit aimable, avoit un buste parfait, mais étoit mal bâti par le bas. Il fut goûté et aimé, et l'eût été long-tems;

mais il se rebuta des charmes flétris de son amante sexagénaire, dont l'âge sembloit accroître encore les fureurs utérines.

> Voyant, dans l'état d'innocence,
> Sa graisse, son poids, sa rondeur,
> Son ventre enflé, sa cuisse immense,
> Il lui tira sa révérence :
> Princesse, votre serviteur !
> Hélas ! il me faut trop d'avance
> Pour aller jusqu'à votre cœur.

Il devint amoureux d'une jeune princesse Scherbatow, et eut le courage de l'avouer en demandant la permission de l'épouser. Catherine fut assez généreuse et assez fière pour lui accorder sa demande, sans lui faire de reproches. Elle le maria à sa cour avec sa demoiselle d'honneur, et les envoya à Moscou comblés de biens [19].

12. ZOUBOW

12. ZOUBOW.

Nous avons vu, au commencement de ce chapitre, comment il devint le dernier favori de Catherine. Il avoit moins de vingt-cinq ans; elle, plus de soixante [20]. Elle finit par le traiter en fils autant qu'en amant, s'occupa elle-même de son éducation, et s'attacha de plus en plus à son ouvrage qui devint son idole. Cependant ses désirs lubriques n'étoient pas encore éteints, et on la vit tout-à-coup renouveler les orgies et les lupercales qu'elle avoit célébrées autrefois avec les frères Orlow. Valérien, l'un de ceux de Zoubow, plus jeune et plus robuste que lui, et le vigoureux Pierre Soltykow leur ami, lui furent associés pour le relayer dans une carrière si vaste et si difficile à remplir. C'est avec ces trois jeunes libertins [21], que Catherine, la vieille Catherine, passoit les journées; tandis que ses armées battoient les Turcs, s'égorgeoient avec les Suédois, et dévastoient la malheureuse Pologne;

tandis que son peuple crioit misère et famine, et étoit dévoré par les exacteurs et les tyrans.

Ce fut alors qu'elle se forma une société plus intime, composée de ses favoris et des courtisans et des dames les plus affidés. Cette société se rassembloit deux ou trois fois la semaine, sous le nom de petit hermitage. On y étoit souvent masqué, et il y régnoit la plus grande privauté: on y dansoit; on y représentoit des proverbes composés par Catherine, on y jouoit à des jeux d'esprit, à des jeux de gages et à des jeux de mains: il n'y avoit sorte de gaieté qui n'y fût permise. *Léon Narischkin* y faisoit le même rôle que Roquelaure à la cour de Louis XIV, et une folle en titre, nommée *Matrona Danilowna*, le secondoit; c'étoit une vieille radoteuse, dont tout l'esprit consistoit à dire les polissonneries les plus saugrenues: comme elle avoit le droit qu'ont toujours les fous, celui de tout dire, elle étoit accablée de cadeaux par les bas courtisans. Les ministres étrangers en faveur étoient quelquefois admis au petit hermitage: Ségur, Cobenzl, Stéding et Nassau, obtinrent principalement cette distinction; mais ensuite Catherine forma une autre assemblée plus restreinte et plus mystérieuse, qu'on nommoit *la petite société*. Les trois favoris, dont nous venons de parler, la Branitska, la Protasow, et quelques femmes et valets de chambre de confiance, en étoient seuls membres : c'étoit là que la Cybèle du Nord célèbroit ses mystères secrets. Les détails de ces jouissances appartiennent à un livre plus licencieux que celui-ci, et l'auteur a été obligé de brûler des notes qui auroient pu lui fournir ou lui rappeler ce qui en a transpiré de plus piquant. Au reste, le public n'y perd rien : il est assez de livres obscènes; ceux qui les ont lus croiront facilement que Catherine étoit aussi philosophe que Thérèse.

J'aurois pu également grossir ce chapitre des surnoms, des titres et des dignités de chaque favori; mais cela ne vaut pas l'impression, et ne mérite pas même d'être prononcé. On sait assez que Catherine, après avoir entassé sur ses mignons tous les emplois, tous les titres et tous les ordres de son empire, écrivoit à Vienne pour leur obtenir successivement des patentes de comte et de prince du saint empire romain. Les ordres de Pologne et de Prusse barioloient encore les favoris des favoris. Potemkin et Zoubow ressembloient à des marchands de rubans et de quinquailleries, lorsqu'ils étaloient toutes leurs décorations.

Paul est plus russe que sa mère : il prétend qu'un comte ou prince du saint empire grec vaut mieux qu'un comte ou un prince du saint empire romain. Sous Catherine, de *Kniaiss* russe on étoit fait prince allemand : sous Paul, de prince allemand, on est élevé à la dignité de *Kniaiss* russe. Je n'ose décider la question.

Je ne détaillerai pas non plus les bienfaits et les cadeaux qu'ont reçus les favoris : je ne pourrois citer que ce qu'ils ont reçu publiquement, à titre de récompense. Quelque énorme que la somme en parût, elle n'équivaudroit pas aux dons secrets dont ils furent comblés. Qui calculeroit ce que les Orlow, Potemkin, et les Zoubow, ont accumulé ? Ne puisoient-ils pas dans le trésor impérial, sans en rendre compte ; et n'achetoit-on pas d'eux, et de leurs créatures, les emplois, les rangs, la justice et l'impunité ; même les alliances, et la guerre et la paix [23] ?

NOTES
DU TROISIÈME CAHIER.

1.

Ce nom fit dire aux courtisans que Catherine finissoit par l'amour platonique.

2.

Il étoit gouverneur des grands-ducs, et ministre de la guerre.

3.

On nommoit Mlle. Protasow *l'éprouveuse*, d'après ses fonctions. Le médecin du corps étoit Mr. Rogerson.

4.

Zoubow, chassant un jour, s'arrêta avec sa suite sur le chemin qui mène de Pétersbourg à Tzarskoé-Célo. Les courtisans qui venoient à la cour, les couriers, la poste, toutes les voitures, et tous les paysans, furent arrêtés : personne n'osa passer, que lorsque le jeune homme trouva à propos de quitter le chemin; et il s'y arrêta plus d'une heure, pour y attendre le lièvre.

5.

Soltykow avoit tout l'esprit, tous les agrémens et toute la vanité d'un jeune seigneur russe. Il est le seul favori que Catherine ait choisi dans une famille puissante. Sa politique alors ne régloit point encore son cœur.

6.

Ce brave Polonais fut interrompu au milieu de ce discours véhément, et enlevé par les satellites russes Rothenfeld et Pistor, dignes pendants des barbares Kretschetnikow et Kakowsky. Dieu, quels noms ! ceux qui les portoient étoient plus baroques encore; et ce sont ces deux hommes-là qui ont conquis la Pologne en une campagne, et renversé la constitution du 3 mai que toute la nation sembloit défendre! Kosciuszko! où étois-tu alors?

7.

Il ne signa pourtant pas sans répugnance. Il répondit à Sievers qui le sommoit de se rendre à Grodno, pour se mettre lui-même à la tête de la confédération: ,, Je ne ferai jamais cette bassesse. Que l'impératrice reprenne sa couronne; qu'elle m'envoye en Sibérie, ou me laisse sortir de mon royaume à pied et un bâton à la main; mais je ne me déshonorerai pas. ,, On l'enferma, on le laissà jeûner, on le menaça, et il se mit à la tête de la confédération. Ce fut le colonel Stackelberg, neveu d'Igelstrom, qui lui porta finalement le traité de partage. Stanislas se mit à pleurer en le lisant: *Monsieur, monsieur, ayez pitié de moi! qu'on ne me force point à signer ma honte!* Stackelberg lui dit qu'après ce sacrifice il pourroit jouir d'une vieillesse heureuse et tranquille: il essuya ses larmes, et répondit: *Eh bien! je veux l'espérer;* mais sa nièce étant entrée, il se remit à pleurer à chaudes larmes avec elle.

8.

A une de ces cérémonies de cour, où Paul se plaît à se pavaner, sceptre en main, couronne en tête, et manteau impérial sur le dos, comme on représente les rois juifs dans les vieux tableaux, Stanislas qui le suivoit, accablé de vieillesse et de lassitude, fut forcé de s'asseoir dans un coin, tandis que Paul se faisoit baiser la main par 3 ou 400 esclaves de cour. Il s'aperçut que le vieux roi s'étoit assis pendant cette auguste cérémonie, et lui envoya un aide de camp pour lui ordonner de se tenir debout.

9.

Si, dans ces mémoires, on ne parle plus de la révolution de 1762, c'est que l'Europe en est suffisamment instruite par l'histoire qu'en a laissée Rhulières, et qui est en tout conforme à ce que tout le monde sait et croit maintenant. Plusieurs fois j'en ai entendu raconter les détails en Russie par des gens qui furent du nombre des acteurs ; et ce sont à peu près les mêmes que ceux que j'ai lus depuis dans Rhulières.

10.

C'est cet Alexis Orlow, qui fut, avec Passek et Bariatinsky, l'un des étrangleurs de Pierre III. Il se rendit célèbre depuis par ses expéditions dans l'Archipel, et surtout par la bataille de Tchesmé, dont il reçut le surnom de Tchesminsky. L'infâme enlèvement qu'il fit en Italie d'une fille de l'impératrice Elizabeth, que Catherine a sans doute sacrifiée comme Iwan, achève de le rendre odieux et exécrable, en dépit de ses lauriers usurpés. On verra quelle vengeance Paul tira du meurtrier de son père. Il est à présent banni en Allemagne, où il cherche en vain par son luxe et ses dépenses à s'acquérir de la considération. On le fuit, on l'évite, comme un de ces monstres qui inspirent l'horreur.

11.

Ce Bobrinsky ressemble beaucoup à sa mère par la figure ; et qui voit l'effigie de Catherine sur un rouble, voit le visage de son fils. Il s'est distingué par des désordres et des débauches de toute espèce, quoiqu'il ait de l'esprit et de l'instruction. Il s'étoit fait reléguer en Esthonie : mais son frère Paul le rappela à son avénement, et le fit major aux gardes à cheval ; il le disgracia quelque tems après.

12.

J'ai vu un dessin fort plaisant. Catherine la grande, un pied sur Varsovie, et l'autre sur Constantinople, couvroit tous les princes de l'Europe de ses vastes jupons, comme d'un pavillon; et ces princes, les yeux levés, la bouche béante, admiroient l'astre radié qui en formoit le centre. Chacun d'eux faisoit une exclamation analogue à sa position et à ses sentimens. Le Pape s'écrioit: ah, Jésus! quel abyme de perdition! le roi de Pologne: c'est moi, c'est moi qui ai contribué à l'agrandir! etc. etc.

13.

Plusieurs prétendent que Potemkin l'avoit empoisonné avec une herbe, dont la vertu est de rendre fou, et que les Russes nomment *Piannaïa trawa*, herbe à l'ivrogne.

14.

On a de lui une chanson russe qui commence par ces mots: *Kak skoro ia tébé widal etc.*, et qu'il composa pendant sa première passion: elle respire le sentiment, et mériteroit d'être traduite. Voici ce dont je me souviens. — Aussitôt que je te vis, je ne pensai plus qu'à toi seule : tes yeux charmans me captivèrent, et je tremblai de dire que j'aimois. L'amour se soumet indifféremment tous les cœurs, et c'est avec les mêmes fleurs qu'il les enchaîne. Mais, ô dieu ! quel tourment d'aimer celle à qui je n'ose le dire ! celle qui ne peut jamais être à moi ! Ciel barbare ! pourquoi la fis-tu si belle ? ou pourquoi la fis-tu si grande ? Pourquoi vouloir que ce fût elle, elle seule, que je pusse aimer ? elle dont le nom sacré ne sortira jamais de ma bouche, ni l'image charmante de mon cœur ! etc. etc.

15.

Potemkin avoit à sa suite un officier supérieur, nommé Bauer, qu'il envoyoit tantôt à Paris chercher un danseur, tantôt à Astrakhan chercher des melons d'eau, tantôt en Pologne porter des ordres à ses fermiers, ou à Pétersbourg des relations à Catherine, ou en Crimée cueillir du raisin, etc. etc. Cet officier, qui passoit sa vie à courir ainsi la poste, demandoit une épitaphe, au cas qu'il se cassât le cou : un de ses amis lui fit celle-ci :

    Cy gît Bauer sous ce rocher :
        Fouette, cocher !

Notes.

16.

Il lui dit dans une de ses lettres que le prince aisoit courir par vanité! *Vous faites plus de galanteries à votre auguste et aimable souveraine, que tous les courtisans de Louis XIV ensemble n'en purent faire à leur roi.* Parbleu! je le crois bien. Quoique Louis XIV se soit rendu coupable de bien des foiblesses, on ne lui a jamais reproché le crime de sodomie. En prenant cette phrase dans un autre sens, le prince auroit encore eu tort. On sait que le duc de la Feuillade érigea à ses frais une superbe statue à son maître: Potemkin n'a jamais rien fait pour Catherine, qui approchât de cette galanterie-là.

17.

Son entrevue avec Repnin fut une scène. Comment, lui dit-il, petit prêtre Martin que tu es (a), oses-tu pendant mon absence entreprendre tant de choses? qui t'en a donné les ordres? Repnin indigné enfin de cette apostrophe, et enhardi par ses succès, osa une fois montrer de la fermeté avec lui. J'ai servi ma patrie, dit-il: ma tête n'est point en ton pouvoir; et tu es un diable que je ne crains plus. En disant ces mots, il sortit en fureur, fermant la porte sur

(a) Repnin est un apôtre zélé du Martinisme.

Potemkin qui le suivoit le poing levé. Peu s'en fallut que les deux héros de la Russie ne se prissent aux cheveux.

18.

Tous les officiers qui avoient, ou croyoient avoir une belle figure, s'efforçoient, en toute occasion, de se produire sur le passage de Catherine. A la cour même, les grands cédoient quelquefois la place à un bel homme, bien certains que rien ne plaisoit tant à leur auguste souveraine que de traverser ses appartemens entre deux files de beaux garçons. C'étoit une place qu'on postuloit, en se montrant, en étalant des cuisses bien faites ; et plusieurs familles fondoient leurs espérances sur quelque jeune parent qu'elles s'efforçoient de produire ainsi.

19.

Ce que plusieurs racontent du fouet qu'elle fit donner aux nouveaux mariés, est une fable, dont je n'ai point entendu parler en Russie.

20.

Catherine avoit deux ans de plus que l'almanach ne l'annonçoit. Comme elle se fût trouvée plus âgée que Pierre III, l'impératrice Elizabeth les lui effaça gratuitement en la faisant venir en Russie; et l'on a de vieux calendriers allemands qui prouvent qu'elle naquit en 1727: ceci n'est qu'une opinion que plusieurs réfutent, et que je ne puis vérifier.

21.

Le titre de libertin convient surtout à Valérien Zoubow, et à Pierre Soltykow, qui se livrèrent bientôt impunément à toutes sortes d'excès. Ils faisoient enlever des filles dans les rues, en abusoient s'ils les trouvoient jolies, ou sinon les abandonnoient à leurs valets qui devoient en jouir en leur présence. L'un des passe-tems du jeune Zoubow, que l'on avoit vu quelques mois auparavant modeste et timide, étoit de payer de jeunes garçons pour qu'ils commissent en sa présence le péché d'Onan. On voit comme il profitoit des leçons de la vieille Catherine. Soltykow succomba à ce genre de vie, et mourut regretté de ceux qui l'avoient connu avant sa fortune.

22.

J'en ai une liste assez exacte : cette somme est du tiers plus forte que celle qu'en donne le livre intitulé : Histoire de Catherine II.

23.

Valérien Zoubow, quelques mois après qu'il eut partagé avec son frère les pénibles faveurs de Catherine, mettoit trente mille roubles sur une carte, en jouant au pharaon ; et ce jeune homme possède, comme on l'a noté, une partie des immenses domaines des ducs de Courlande.

QUATRIÈME CAHIER.
AVÉNEMENT DE PAUL.

AVÉNEMENT DE PAUL.

Conduite et projets de Catherine à l'égard de son fils. Il est proclamé. Ses premières démarches comme empereur. Honneurs funèbres rendus à son père et à sa mère. Mesures rigoureuses envers les gardes. La Wachtparade. Graces et disgraces. Ses occupations. Proscription des chapeaux ronds et des attelages russes. Etiquette rétablie: ses suites ridicules ou barbares. Changemens dans le militaire, dans le civil. Les paysans. Soldatomanie. Bureau pour les suppliques. Finances. Valet de chambre favori.

Après le meurtre de son mari, le massacre d'Iwan et l'usurpation du trône, le plus grand crime de Catherine fut peut-être sa conduite envers son fils. L'épouse assassine ne pouvoit sans doute être bonne mère; mais elle devoit plus d'égards au jeune prince, au nom duquel elle a, trente-cinq ans, gouverné la Russie. Il annonçoit, dans son enfance, des qualités qu'elle a étouffées par ses mauvais traitemens; il avoit de l'esprit, de l'activité, des dispositions pour les sciences, des sentimens d'ordre et de justice: tout a péri, faute de développement. Elle a moralement tué son fils, après avoir long-tems balancé si elle devoit effectivement s'en défaire. Sa haine contre lui est la seule preuve qu'il est fils de Pierre III [1]; et cette preuve est de grand poids. Elle ne pouvoit le souffrir, le tenoit loin d'elle, l'environnoit d'espions, le gênoit, l'humilioit en tout; et, pendant que ses favoris plus jeunes que son fils gouvernoient la Russie et nageoient dans les richesses, il vivoit retiré, insignifiant et manquant du nécessaire. Elle parvint à l'aigrir, à le rendre méfiant, farouche, bizarre, soupçonneux, et cruel. Certes il faut qu'une mère soit bien coupable et bien infame, lorsqu'elle inspire enfin de la haine et du mépris à son propre enfant. Mais quel autre sentiment pouvoit lui inspirer la meurtrière de son père et l'usurpatrice de ses droits, qu'il voyoit se prostituer sous ses yeux à une série de favoris qui devenoient successivement ses oppresseurs ? Non contente de le priver de la tendresse et des prérogatives dont il devoit jouir comme fils, elle a voulu encore lui ravir tous les droits et tous plaisirs de père. Son épouse venoit, presque tous les ans, accoucher à Tzarkoé-Célo, et y laissoit ses enfans en des mains étrangères. Ils étoient élevés auprès de Catherine, sans que le père et la mère pussent avoir la moindre influence sur leur éducation, ni la moindre autorité sur leur conduite : dans les derniers tems même, ils étoient des mois entiers sans les voir une fois. Voilà comme on cherchoit à aliéner le coeur de ces enfans, qui connoissoient à peine leurs parens. C'est ici pourtant que Paul cesse d'inspirer de l'intérêt, pour réveiller l'indignation et le mépris : c'est ici qu'il cesse de paroître fils timide et respectueux, pour n'être plus qu'un père lâche et imbécille. Quel homme sera assez vil pour n'oser revendiquer les droits sacrés de la paternité? Comment n'a-t-il pas eu le courage de dire à sa mère : *Vous avez ma couronne ; gardez-la, mais rendez-moi mes enfans ; laissez-moi du moins une jouissance, que vous n'enviez pas à vos derniers esclaves.* Ah! celui qui ne trouva pas dans son coeur des motifs suffisans pour tenir un pareil langage, et pour agir en conséquence, n'est pas un fils respectueux : c'est un père insensible, ou lâche ; c'est un esclave, et, devenant maître, il ne peut être qu'un tyran [2].

La mort a surpris Catherine. Il est évident pour ceux qui ont connu sa cour, et la haine malheureusement si bien fondée entre la mère et le fils, qu'elle nourrissoit le désir de se donner un autre successeur. L'horreur de penser à sa fin et à celle de son règne qu'elle craignoit davantage, et la mort de Potemkin [3], l'empêchèrent d'accomplir ce projet lorsqu'il en étoit encore tems, ou de le confirmer par un testament. La jeunesse du grand-duc Alexandre, et plus encore la bonté de son esprit et de son coeur, avoit été ensuite un obstacle à l'exécution de son plan. Cependant sa prédilection pour ce jeune prince, digne sans doute d'une source plus pure, étoit très-prononcée; et ses entretiens particuliers avec lui commençoient à devenir fréquens et mystérieux. On seroit peut-être parvenu à étouffer en lui la nature, à corrompre sa morale et sa raison, et à le forcer insensiblement à jouer un rôle odieux contre son père. Depuis que la Harpe l'avoit quitté; depuis qu'on lui avoit donné une cour particulière et éloigné quelques personnes de mérite, il étoit le plus mal entouré et le plus désoeuvré des princes. Il passoit ses journées dans des tête-à-tête avec sa jeune épouse, avec ses valets, ou dans la société de sa grand'mère : il vivoit plus mollement et plus obscurément que l'héritier d'un sultan dans l'intérieur des harems du sérail; ce genre de vie eût à la longue étouffé ses excellentes qualités. S'il l'eût voulu, si même Catherine eût pu dire un mot avant de mourir, Paul n'eût probablement pas régné. Haï et redouté de tous ceux qui le connoissoient, qui se fût déclaré pour lui? et quels droits eût-il invoqués[4]? Si les Russes n'ont aucun droit assuré, leurs autocrates en ont moins encore: depuis Pierre I qui s'arrogea celui de nommer son successeur, le trône des tzars n'a presque été occupé que par des usurpateurs, qui se sont précipités l'un l'autre avec plus de barbarie et de confusion que les successeurs d'Ottoman. Catherine I est impératrice, parce que Mentschikow a l'audace de la proclamer[5]: Pierre II règne par un testament: Anne est élue par un conseil, par le sénat et par l'armée: Iwan est empereur, en vertu d'un oukas: Elizabeth dit dans son manifeste qu'elle monte sur le trône de son père, parce que le peuple le veut, et que les gardes se révoltent; sur cela elle condamne un empereur au berceau à une prison éternelle, et sa famille aussi innocente que lui éprouve le même sort [6]: Pierre III règne par la grace d'Elizabeth; il est détrôné et étouffé par son épouse Catherine II, qui, ayant besoin d'une plus grande autorité pour commettre de plus grands crimes, en montant sur le trône de Russie, déclare que c'est Dieu même qui l'y appelle [7]; meurtrière de son époux, elle fait encore massacrer l'empereur Iwan, et une fille d'Elizabeth sa bienfaitrice. Maroc seul peut offrir des annales aussi dégoûtantes de sang et de barbarie, avec cette différence que ce ne sont pas des dames qui y jouent un si horrible rôle [8]. — Un fils qui eût supplanté son père n'eût pas beaucoup ajouté à l'horreur qu'inspirent ces fastes du despotisme: mais la mort subite de Catherine a heureusement prévenu ces nouvelles atrocités. Le cri horrible qu'elle poussa en expirant fut celui qui proclama Paul empereur et autocrate de toutes les Russies. Son épouse fut la première qui tomba à ses pieds et lui rendit hommage avec tous ses enfans : il la releva, en l'embrassant avec eux et les assurant tous de ses bontés impériales et paternelles. La cour, les chefs des départemens et de l'armée, tout ce qui se trouva présent vint ensuite se prosterner et lui prêter serment, chacun selon son rang et son ancienneté. Un détachemen des gardes conduit sous le palais, et les officiers et soldats arrivant en hâte de Pawlowsky et de Gatschina, jurèrent fidélité. Les chefs des différens collèges s'y transportèrent pour y faire prêter le même serment : l'empereur se rendit lui-même au sénat pour le recevoir; et cette nuit mémorable se passa sans désordre et sans confusion. Le lendemain, Paul fut partout proclamé empereur, et son fils Alexandre *tzarévitsch*, ou héritier présomptif du trône. Ce fut ainsi qu'après trente-cinq ans de gêne, de privations, d'offenses et de mépris, le fils de Catherine, âgé de quarante-trois ans, se trouva enfin son propre maître et celui de toutes les Russies.

Ses premières démarches, qu'on avoit surtout redoutées, semblèrent démentir d'abord ce caractère dur et bizarre qu'on lui connoissoit. Il avoit dès long-tems souffert des abus et des désordres de la cour; il avoit eu l'école du malheur, creuset où s'épurent les grandes ames et où s'évaporent les petites: spectateur éloigné des affaires, scrutateur des plans et de la conduite de sa mère, il avoit eu trente ans de loisir pour régler la sienne. Aussi parut-il avoir dans sa poche une foule de réglemens tout rédigés, qu'il ne fit que dérouler et mettre en exécution avec une rapidité étonnante. [9]

Bien loin d'imiter la conduite que sa mère avoit tenue à son égard, il s'environna d'abord de ses fils; leur confia à chacun l'un des régimens des gardes, et fit l'aîné gouverneur militaire de Pétersbourg, place importante qui enchaînoit le jeune prince à côté de son père. Ses premiers procédés avec l'impératrice, dont on plaignoit le sort et la position, surprirent et enchantèrent tout le monde: il changea subitement de manières avec elle; il lui assigna des revenus considérables, augmenta ceux de ses enfans à proportion, et combla sa famille de caresses et de bienfaits [10].

Sa conduite avec le favori eut aussi tout l'air de la générosité. Il parut touché de son désespoir et reconnoissant de l'attachement qu'il montroit pour sa mère, le confirma dans ses emplois en termes flatteurs, et lui dit, en lui remettant la canne de commandement que porte l'aide de camp général de jour: *Continuez à faire ces fonctions auprès du corps de ma mère: j'espère que vous me servirez aussi fidèlement que vous l'avez servie.*

Les ministres, les chefs des départemens, furent aussi confirmés dans leurs emplois en termes obligeans; et les plus puissans, encore avancés et comblés de nouvelles graces.

Le premier oukas qu'il donna annonçoit des idées pacifiques, et lui devoit surtout gagner la noblesse: une levée de recrues récemment ordonnée par Catherine, et qui devoit enlever le centième paysan, fut suspendue et annullée par cet oukas [1].

Chaque heure, chaque moment annonçoit un changement sage, une punition juste, une grace méritée: la cour et la ville étoient stupéfaites d'étonnement. Si la politique, la crainte et la joie, n'avoient pas dicté les premières démarches de Paul, il eût paru, deux ou trois heures, digne de réprimer les abus et de ramener l'ordre. On commençoit à croire que l'on avoit méconnu son caractère, et que sa longue et triste tutelle ne l'avoit pas entièrement aliéné. Tout le monde se voyoit heureusement trompé dans son attente, et la conduite de l'empereur fit en ce moment oublier celle du grand-duc: il devoit bientôt en faire ressouvenir; mais arrêtons-nous encore un instant aux trop courtes espérances de bonheur qu'il donna à son empire.

Les deux premiers pas politiques de Paul inspirèrent la confiance, gagnèrent la noblesse, et suspendirent deux horribles fléaux que Catherine en mourant sembloit avoir légués à la Russie, la guerre et la banqueroute de l'état. Elle s'étoit enfin déterminée à agir directement contre la France, en secourant l'empereur et en attaquant la Prusse [12]: elle avoit en conséquence donné des ordres pour la levée de près de cent mille hommes de recrues. Les caisses de l'état étant épuisées, les assignats multipliés à un point qu'ils menaçoient d'avoir le sort de ceux de France [13], elle voulut tout à coup doubler son numéraire en donnant à chaque pièce de monnoie le double de sa valeur actuelle. Paul anéantit ces deux mesures désastreuses, que l'on mettoit déjà en exécution. Il rompit également le traité de subsides entamé avec l'Angleterre, non qu'il voulût, ainsi qu'on le répandit dans l'étranger, reconnoître *l'odieuse république française*, mais parce que son orgueil impérial se trouvoit assez justement indigné de se mettre, comme une petite puissance, aux gages de Pitt, en lui vendant le sang des Russes. Paul seroit sûrement très-enclin à le faire répandre pour relever la monarchie française; mais il aura la générosité de le donner pour rien, quand il le jugera convenable [14].

Ce brave Kosciuszko, qui est le dernier des Polonais, comme Philopémen fut le dernier des Grecs, avoit, comme chacun sait, été fait prisonnier de guerre en défendant sa patrie et ses droits naturels contre des étrangers oppresseurs : cependant, au mépris de toutes les loix et du sens commun, il étoit retenu comme un criminel d'état, quoiqu'il fût toujours mieux traité [15] qu'Ignace Pototski et ses autres compagnons de gloire et d'infortune, qui étoient enfermés plus rigoureusement à la forteresse et à Schlusselbourg. Paul fut assez raisonnable pour les faire mettre tous en liberté, et assez généreux pour aller lui-même délivrer Kosciuszko. On vit avec intérêt ce brave homme, toujours malade de ses blessures et de ses chagrins, se faire apporter au palais où il fut introduit chez l'empereur et l'impératrice pour leur témoigner sa reconnoissance. Il est petit, maigre, pâle et défait: il avoit la tête encore enveloppée de bandages, et l'on ne pouvoit voir son front; mais son air, ses yeux, faisoient encore ressouvenir de ce qu'il avoit osé entreprendre avec d'aussi foibles moyens. Il refusa les paysans que Paul voulut lui donner en Russie, et accepta une somme d'argent pour aller vivre indépendant ailleurs.

Ce trait fit la plus grande et la plus favorable sensation. Il fait sans doute honneur à Paul, et l'on est réduit à admirer dans un empereur ce qui n'est autre chose qu'un acte ordinaire de justice: mais, pour bien apprécier sa conduite en cette occasion, il faut se souvenir que ce n'est pas lui que Kosciuszko avoit offensé personnellement, mais bien l'impératrice Catherine. Son fils pardonne aussi difficilement qu'elle à quiconque a l'audace de s'attaquer à lui. Kosciuszko ne doit sa liberté qu'à la haine de Paul pour

sa

sa mère, et à son affectation d'agir en tout dans un sens contraire au sien.

Les honneurs funèbres à rendre à l'impératrice furent encore une heureuse distraction, qui suspendit ou entrecoupa du moins ce torrent de réglemens nouveaux et d'ordonnances bizarres que l'on vit jaillir de la tête de Paul. Mais, ce qu'on n'attendoit pas, et ce qu'il regarda comme un devoir filial, ce fut de lui voir remuer les cendres de son malheureux père. Le nom de Pierre III, qu'on n'avoit osé prononcer depuis trente-cinq ans, parut soudain à la tête du cérémonial de deuil et d'enterrement, où l'on prescrivoit à la fois les services et les honneurs funèbres à rendre à Pierre et à Catherine. On auroit pu croire, en lisant le *prikas*, que ces deux époux venoient d'expirer ensemble. Paul se rendit au couvent d'Alexandre Newsky, où le corps de son père avoit été déposé. Il se fit montrer par les vieux moines cette tombe ignorée, et ouvrir le cercueil en sa présence: il paya aux tristes restes qui s'offrirent encore à ses yeux un tribut de larmes respectables et touchantes [16]. Le cercueil fut élevé au milieu de l'église; et on y célébra les mêmes services qu'auprès de celui de Catherine, qui étoit exposé sur un lit de parade au palais.

Paul fit alors rechercher les officiers qui s'étoient trouvés attachés à son père, au moment de sa malheureuse catastrophe, et qui avoient dès lors vieilli disgraciés ou ignorés de la cour. Le baron Ungern-Sternberg, vieillard respectable, qui, depuis long-tems, vivoit en philosophe retiré dans un petit cercle d'amis, et qui ne désiroit pas même d'être rappelé sur le grand théâtre, fut tout à coup créé général en chef et demandé chez l'empereur, qui le fit introduire dans son cabinet. Après l'avoir accueilli le plus gracieusement: *Avez-vous entendu*, lui dit-il, *ce que je fais pour mon père? Oui, sire*, répond le vieux général, *je l'ai appris avec étonnement. — Comment, avec étonnement! n'est-ce pas un devoir que j'avois à remplir? — Tenez,* continua-t-il en se tournant vers un portrait de Pierre III, qui étoit déjà placé dans le cabinet [17]; *je veux qu'il soit témoin de ma reconnoissance envers ses fidèles amis.* En disant ces mots, il embrassa le général Ungern, et lui passa le cordon de Saint-Alexandre. Ce digne vieillard, si fort au-dessus de cette vanité, ne put résister à ce procédé touchant: il sortit en versant des larmes.

Paul le chargea ensuite de faire le service auprès du corps de son père, en lui enjoignant de se préparer, pour la cérémonie, le même uniforme qu'il avoit porté comme aide de camp de Pierre III. Ungern eut le bonheur d'en retrouver un semblable chez une de ses vieilles connoissances. Paul voulut voir et garder lui-même cette relique de garderobe, qui fit aussi la fortune de celui qui l'avoit si bien conservée [18]. Plusieurs autres officiers, et entre autres le seul, qui, à la révolution de 1762, avoit voulu faire quelque résistance en faveur de Pierre III, furent retrouvés dans leurs retraites, et rappelés à la cour pour y être comblés de graces.

Ces traits sont attendrissans et honorent le coeur de Paul: mais on voit, par la réponse d'Ungern, qu'ils étonnèrent tout le monde. On les attribua autant à la haine de Paul pour sa mère qu'à son amour pour son père: plusieurs même n'attribuoient cette conduite qu'à l'envie politique d'avouer si solemnellement pour son père celui qui n'avoit pas voulu le reconnoître pour son fils. On blâma surtout l'éclat, l'ostentation qu'il mit à faire exhumer ses tristes cendres, pour les offrir ensuite à l'adoration publique. Le cercueil qui les contenoit fut couronné [12] et transporté en grande pompe au palais, pour y être exposé dans un temple construit à cet effet, à côté du corps de Catherine, et conduits ensuite ensemble à la citadelle. C'est alors seulement que les deux époux demeurèrent en paix. On venoit avec beaucoup de respect baiser le cercueil de l'un, et la main froide et livide de l'autre: l'on faisoit une génuflexion, et l'on n'osoit se retirer qu'en descendant l'estrade à reculons. L'impératrice, qui avoit été mal embaumée, parut bientôt toute défigurée : les mains, les yeux, le bas du visage, étoient jaunes, noirs et bleus. Elle étoit méconnoissable pour ceux qui ne l'avoient vue qu'avec son visage composé : et toute la pompe dont elle étoit encore environnée, toutes les richesses qui couvroient son cadavre, ne faisoient qu'augmenter l'horreur qu'il inspiroit.

Si Paul, en réhabilitant la mémoire de son père, sembloit couvrir d'opprobre celle de sa mère en rappelant des scènes atroces, que trente-cinq ans de silence avoient presque fait oublier, au moins la vengeance qu'il tira de quelques-uns des assassins de Pierre III. avoit quelque chose de sublime. Le célèbre Alexis Orlow, le vainqueur de Tchesmé, jadis si puissant, remarquable par sa taille gigantesque et ses habits à l'antique, respectable, s'il est possible, par sa gloire et sa vieillesse, fut obligé de suivre les tristes restes de Pierre :

il attiroit tous les yeux. Cette corvée juste et cruelle dut réveiller en lui des remords, que sa longue prospérité avoit sans doute assoupis. Pour le prince Bariatinsky, bourreau exécuteur en second, il n'osa se présenter devant Paul, qui n'avoit jamais pu supporter son aspect: il s'étoit enfui de Pétersbourg. Passek, dont la fortune n'avoit eu d'autre cause que le même crime, et dont la physionomie aussi atroce que celle de Bariatinsky sembloit le rappeler, se trouvoit heureusement absent de la cour, et mourut quelques jours après.

Voilà le bien, qu'a fait Paul dans les premiers jours de son règne: je l'ai rassemblé, pour l'offrir en masse; car ces lueurs de raison, de justice et de sentiment, se seroient perdues dans le fatras des violences, des bizarreries et des petitesses, dont elles furent toujours offusquées, et que je vais aussi raconter.

Les gardes, ce corps dangereux, qui avoit renversé le père et qui regardoit dès long-tems l'avénement du fils comme le terme de son existence militaire, fut, dès le premier jour, par une démarche hardie et vigoureuse, mis hors d'état de lui nuire et traité sans le moindre ménagement. Paul incorpora dans les différens régimens des gardes ses bataillons arrivés de Gatschina [20], dont il distribua les officiers dans toutes les compagnies, en les avançant de deux ou trois grades; de manière que de simples lieutenans ou capitaines d'armée se trouvèrent tout à coup capitaines aux gardes, place si importante et si honorée jusqu'alors, et qui donne le rang de colonel et même de brigadier. Quelques-uns même de ces anciens capitaines, et des premières familles de l'empire, se trouvèrent sous les ordres d'officiers parvenus, qui étoient, quelques années auparavant, sortis caporaux ou sergens de leurs compagnies pour entrer dans les bataillons du grand-duc. Un changement si brusque et si hardi, qui, dans tout autre tems, eût été fatal à son auteur, n'eut point d'autre effet que d'engager quelques centaines d'officiers et bas officiers à prendre leur congé: ce fut presque tous ceux qui avoient de quoi vivre sans servir, ou qui ne purent digérer les passe-droits qu'on leur avoit faits, ni supporter la discipline harassante et pédantesque qui alloit être introduite par les intrus [21]. Plusieurs de ces jeunes officiers ne sentirent cependant d'autre affront que celui d'être obligés de quitter leurs brillans uniformes, pour se faire faire des habits sur les modèles grotesques et bizarres de ces mêmes bataillons qui avoient si long-tems excité leurs risées.

Paul, alarmé et furieux de cette défection générale, se transporta dans les casernes, flatta les soldats, appaisa les officiers et chercha à les retenir, en excluant de tout emploi civil et militaire ceux qui prendroient à l'avenir leur congé, qui d'ailleurs n'oseroient plus porter l'uniforme. Il donna ensuite l'ordre ridicule et cruel *à tout officier ou bas officier, qui avoit donné ou donneroit sa démission, de quitter la capitale dans vingt-quatre heures, pour se rendre chez lui.* Il ne vint pas dans la tête de Paul, ni dans celle du rédacteur de l'oukas, que cette phrase étoit une absurdité; car plusieurs de ces officiers étoient de Pétersbourg et y avoient leurs familles : ils se rendoient donc chez eux, sans quitter la capitale, et n'obéissoient qu'à la seconde partie de l'ordre, de peur de désobéir à la première. Le grand exécuteur Arkarow ayant informé l'empereur de cette contradiction, il voulut qu'on n'eût égard qu'à l'injonction de quitter Pétersbourg. Une foule de jeunes gens furent enlevés, comme des criminels, de leurs maisons, transportés hors de la ville avec défense d'y rentrer, et laissés sur le chemin sans fourrures, sans asyle, et par un froid des plus rigoureux. Ceux qui étoient des provinces éloignées, manquant pour la plupart d'argent pour s'y rendre, erroient également dans les environs de Pétersbourg, où plusieurs périrent de froid et de misère.

Ces mesures barbares s'étendirent sur tous les officiers de l'armée et sur ceux de l'état des généraux, qui eurent également à joindre leurs régimens ou à prendre leur congé, parce que ces états furent abolis; et c'est par ce début impolitique qu'il prétendit commencer la réforme et gagner l'armée. Mais ce qui persuada bientôt que Paul, en devenant empereur, ne renonçoit point aux puérilités militaires qui l'avoient seules occupé comme grand-duc, ce fut de le voir, dès le matin de son avénement, mettre tous ses soins aux petits changemens de détails qu'il vouloit introduire dans l'habillement et l'exercice du soldat. Le palais eut en un moment l'apparence d'une place enlevée d'assaut par des troupes étrangères; tant celles qui commencèrent à y faire la garde différoient, par le ton et le costume, de celles qu'on y avoit vues la veille. Il descendit dans la cour, où il fut trois ou quatre heures à faire manoeuvrer ses soldats, pour leur apprendre à monter la garde à sa manière, et établir sa *Wachtparade*, qui devint l'institution la plus importante et le point central de son gouvernement. Il y a depuis, tous les jours, consacré le même tems, quelque froid qu'il ait pu faire. C'est là qu'en simple uniforme vert foncé, en grosses bottes, en grand chapeau, il passe les matinées à exercer la garde: c'est là qu'il donne ses ordres, qu'il reçoit les rapports, qu'il publie les graces, les récompenses et les punitions, et que tout officier doit lui être présenté. Entouré de ses fils [22] et de ses aides de camp, trépignant pour se réchauffer, la tête nue et chauve, le nez au vent, une main derrière le dos, et de l'autre levant et baissant sa canne en mesure, et criant *raz*, *dwa*; *raz*, *dwa*; un, deux; un, deux; il met sa gloire à braver sans fourrure quinze ou vingt degrés de froid. Bientôt le militaire n'osa plus se montrer en pelisses, et les vieux généraux tourmentés par la toux, la goutte et les rhumatismes, furent obligés de faire cercle autour de Paul, habillés comme lui,

Les premières impressions de crainte et de joie s'étant amorties dans le coeur de Paul, il fit succéder les punitions et les disgraces avec autant de rapidité et de profusion qu'il avoit répandu les bienfaits. Plusieurs personnes éprouvèrent ces deux extrêmes en peu de jours. Il est vrai que la plupart de ces punitions parurent d'abord justes: mais il faut convenir aussi que Paul ne pouvoit frapper que sur des coupables, tant ceux qui avoient obsédé le trône étoient corrompus.

Malgré les assurances qu'il venoit de donner à Zoubow, un des premiers ordres qui suivirent fut de faire mettre le scellé sur sa chancellerie et sur celle de Marcow, et de chasser avec scandale de la cour leurs officiers et leurs secrétaires. Un certain Tersky, maître des requêtes et rapporteur du sénat, qui vendoit publiquement la justice au plus offrant, et avec une effronterie criante, fut d'abord revêtu d'un ordre et obtint des terres, que la défunte lui avoit, disoit-il, promises, quelques jours avant sa mort: il fut cassé un instant après. On admira stupidement ce respect de Paul pour les prétendues volontés de sa mère, et son attention d'enrichir davantage un coquin avant de le chasser. Il auroit dû au contraire faire faire le procès à ce spoliateur des biens de la veuve et de l'orphelin, et satisfaire la vindicte publique.

Samoïlow, procureur général, qu'il avoit aussi confirmé honorablement dans son poste, en lui donnant en cadeau quatre mille paysans, ce qui fait plus de vingt mille roubles de rente, fut, quelques jours après, déposé, mis aux arrêts; et son secrétaire, à la forteresse. Enfin tout fut renouvelé de cette façon, à l'exception de Besborodko, Nicolas Soltykow et Arkarow [23].

Cette conduite vacillante et incertaine, qui caractérisa les premières démarches de Paul, prouve clairement que c'est à sa politique qu'il faut attribuer ses faveurs, et à sa passion plutôt qu'à sa justice les disgraces qui les ont suivies. Mais ce qui confondit tous ceux qui l'avoient admiré, ce fut de le voir, au moment où il entroit dans un labyrinthe d'affaires et d'abus si embrouillés, et dont l'importance pour l'état devoit au moins l'occuper quelques jours; ce fut, dis-je, de le voir, dès le matin de son avénement, se remettre avec la même fureur aux plus petits détails du service millitaire. La forme d'un chapeau, la couleur d'un plumet, la hauteur d'un bonnet de grenadier, les bottes, les guêtres, les cocardes, les queues et les ceinturons, devinrent les affaires d'état qui absorbèrent son étonnante activité. Il étoit entouré de modèles d'armes et d'uniformes de toutes les espèces. Si Louis XVI fut le prince qui sçut le mieux faire une serrure, certes Paul I est celui qui sait le mieux écurer un bouton, et il s'en occupe avec la même assiduité que mettoit jadis Potemkin à vergeter ses diamans. La plus grande marque de mérite et de zèle qu'on pouvoit lui donner, dans ces premiers jours, c'étoit de paroître devant lui dans le nouvel accoutrement qu'il introduisoit. L'officier qui pouvoit donner cent roubles à un tailleur, pour avoir dans quelques heures un habit de la nouvelle forme et se présenter à *la Wachtparade* le lendemain matin, étoit presque sûr d'obtenir un poste ou une croix. Plusieurs n'ont point eu d'autre mérite, ni employé d'autres moyens pour gagner les bonnes graces de leur nouvel empereur [24].

Une autre bizarrerie, qu'on vit avec surprise, fut la défense impériale de porter des chapeaux ronds, ou plutôt l'ordre subit de les enlever ou de les déchirer sur la tête de ceux qui en auroient : cela donna lieu à des scènes scandaleuses dans les rues et surtout autour du palais. Les Cosaques et les soldats de police se jetoient sur les passans pour les décoiffer, et battoient ceux qui, ignorant de quoi il étoit question, vouloient se défendre. Un marchand anglais, passant en traîneau, fut ainsi arrêté, et on lui arracha son chapeau. Croyant que c'étoit un vol qu'on lui faisoit, il saute de son traîneau, terrasse le soldat, et appelle la garde. Au lieu de la garde, arrive un officier qui frappe l'Anglais; il se défend et succombe: on le garrotte, on le conduit à la police. Il a le bonheur de rencontrer le carrosse du ministre d'Angleterre qui alloit à la cour, et réclame protection [25]. M*r. Wittfort* s'étant plaint, l'empereur conjecturant que le chapeau rond, qui est le chapeau national des Suédois, pourroit bien être aussi celui des Anglais [26], dit qu'on avoit mal compris ses ordres, et qu'il s'expliqueroit mieux avec Arkarow. Le lendemain, on publia dans les rues et dans les maisons que les étrangers qui n'étoient point au service, ou naturalisés, ne seroient plus compris dans la défense. On n'arracha plus les chapeaux ronds; mais ceux qui étoient rencontrés avec cette malheureuse coiffure étoient conduits à la police, pour constater qui ils étoient: s'ils se trouvoient être Russes, on les faisoit soldats: et malheur à un Français qui auroit été ainsi rencontré,

rencontré, il eût été condamné comme Jacobin [27]. On rapporta à Paul que le chargé d'affaires du roi de Sardaigne avoit dit, en raillant sur cette proscription singulière des chapeaux ronds, que de pareilles bagatelles avoient manqué de causer souvent des séditions en Italie. Le chargé d'affaires reçut ordre, par Arkarow, de quitter la capitale en vingt-quatre heures. Grace à l'éloignement, et à la position du roi de Sardaigne, qu'il ne peut demander raison d'une pareille insulte; sans quoi les chapeaux ronds auroient pu devenir le motif d'une guerre entre deux monarques: les droits du trône et de l'autel, la dignité de la couronne et le bonheur du peuple, auroient sûrement figuré dans les manifestes [28].

Une ordonnance toute aussi incompréhensible fut la défense soudaine d'atteler les chevaux, et de les enharnacher, à la manière russe. On accordoit quinze jours pour se procurer des harnois à l'allemande; après quoi il étoit enjoint à la police de couper les traits de tous les équipages, qui se trouveroient attelés à la vieille méthode. Dès les premiers jours de cette publication, plusieurs personnes, craignant d'être insultées, n'osèrent plus sortir, et moins encore se montrer dans leurs voitures du côté du palais. Les selliers, profitant de l'occasion, faisoient payer jusqu'à trois cents roubles un simple harnois pour deux chevaux. Habiller les *Ischwoschtschiki*, ou cochers russes, à l'allemande, avoit un autre inconvénient. La plupart ne vouloient pas se défaire, ni de la longue barbe, ni du *kafftan*, ni du chapeau rond, et moins encore attacher une fausse queue à leurs cheveux coupés; ce qui produisoit les scènes et les figures du monde les plus ridicules. L'empereur eut encore le dépit d'être obligé à la fin de changer cet ordre de rigueur en une simple invitation de se mettre peu à peu à l'allemande, si l'on vouloit mériter ses bonnes graces.

Une autre réforme concerna les voitures. Le grand nombre d'équipages brillans, qui fourmilloit dans les rues immenses de Pétersbourg, disparut dans un instant. Les officiers, les généraux mêmes, vinrent à la parade en petits traîneaux, ou à pied ; ce qui ne laissoit pas d'avoir aussi ses dangers [29].

Une ancienne étiquette est que, lorsqu'on rencontre un autocrate de Russie, sa femme, ou son fils, on doit faire arrêter sa voiture ou son cheval, en descendre, et se prosterner dans la neige ou dans la boue [30]. Cet hommage barbare et difficile à rendre dans une grande ville, où les équipages passent en grand nombre et toujours au galop, avoit été absolument aboli sous le règne poli de Catherine. Un des premiers soins de Paul fut de le rétablir dans toute sa rigueur. Un officier général qui passoit, sans que le cocher de sa voiture eût reconnu le cocher de l'état, qui passoit à cheval, fut arrêté et envoyé sur-le-champ aux arrêts [31]. Le même désagrément arriva à plusieurs autres personnes ; de façon que la rencontre de Paul étoit ce qu'on redoutoit le plus, soit à pied, soit en voiture. Mais, ce qui arriva à une dame *Likarow* mérite d'être consigné, pour inspirer l'horreur que l'humanité doit aux tyrans.

Cette dame étoit à la campagne aux environs de Pétersbourg. Le brigadier Likarow, son mari, tombe malade, et son épouse ne veut s'en fier qu'à elle-même pour venir en ville chercher le médecin et les secours nécessaires. Elle arrive au moment du bouleversement général. Les gens de la campagne ne connoissoient point le nouvel empereur, et encore moins ses nouveaux réglemens. Occupée du danger de son mari, elle les pressoit de la conduire au plus vite chez le médecin. Malheureusement son carrosse passe, sans s'arrêter, à quelque distance de Paul qui se promenoit à cheval. Furieux, il détache aussitôt un aide de camp, fait arrêter l'équipage, ordonne qu'on fasse les quatre domestiques soldats, et qu'on envoie la *dame impertinente* en prison à la maison de police. Ces ordres sont exécutés sur-le-champ. La malheureuse est quatre jours enfermée. Ce traitement affreux, l'état où elle a laissé son mari, lui déchirent le cœur et lui tournent la tête. Elle tombe dans une fièvre chaude. On la transporte enfin dans une auberge, pour y être soignée ; mais l'infortunée a pour toujours perdu la raison. Son mari abandonné sans secours, privé de sa femme et de ses domestiques, expira dans le désespoir, sans l'avoir revue.

L'étiquette devint tout aussi rigoureuse et tout aussi effrayante dans l'intérieur du palais. Malheur à celui qui, étant admis à baiser la main rêche de Paul, ne faisoit pas résonner le plancher, en le frappant du genou avec la même force qu'un soldat en le frappant de la crosse de son fusil. Il falloit aussi que le suçon des lèvres sur la main se fît entendre, pour certifier le baiser comme la génuflexion Le prince Georges Galitzin, chambellan, fut envoyé aux arrêts par *Sa Majesté Moscovite* elle-même, et sur-le-champ, pour avoir fait la révérence et baisé la main *trop négligemment* [32].

Un des premiers réglemens de Paul fut encore d'enjoindre rigoureusement aux marchands d'effacer de leurs écriteaux le mot français *Magasin*, et d'y substituer le mot russe *Lawka* (*boutique*), en disant pour raison que l'empereur seul pouvoit avoir des magasins de bois, de farine, de bled, etc.; mais qu'un marchand ne devoit pas s'élever au-dessus de son état, mais en rester à sa boutique.

Il faudroit descendre à des détails trop fastidieux, si l'on vouloit rapporter toutes les ordonnances de cette force et de cette importance, qui se succédèrent pendant huit jours [33]. Que dire, qu'espérer d'un homme, qui, succédant à Catherine, regarde ces choses-là comme les plus pressantes à régler? Souvent ces réglemens nouveaux et importans se contredisoient ou se détruisoient l'un l'autre, et il étoit obligé de modifier ou de retirer le lendemain ce qu'il avoit fait publier la veille. En un mot, on peut dire que Paul, en s'enveloppant du manteau impérial, laissa d'abord passer l'oreille du grand-duc, et qu'il crut gouverner un vaste empire, comme il avoit gouverné son Pawlowsky; sa capitale, comme sa maison; et trente millions d'hommes de tous les états et de toutes les nations, comme une douzaine de laquais.

De tous les changemens imprévus et non préparés qu'il a faits, ceux qu'il opéra dans les armées sont les plus impolitiques et les plus considérables. Il est certain qu'il y avoit de grandes réformes, de grandes améliorations à faire dans le département militaire. Adoucir le sort du brave soldat russe, fixer celui de l'officier plus misérable encore, diminuer peu à peu le nombre des surnuméraires, et ramener l'ordre et la discipline, que le règne de tant de femmes et de tant de favoris avoit détruits, c'étoit un assez beau champ ouvert au génie militaire de Paul. Multiplier les passe-droits, augmenter un état major déjà trop nombreux, changer les uniformes, les rangs, les termes et les noms, c'est tout ce qu'il a su faire. L'armée russe, par la beauté, la simplicité et la commodité de son habillement, adapté au climat et au génie du pays, offroit un modèle à suivre [34]. Un grand *charvari* ou pantalon de drap rouge, dont les bouts se terminoient en bottes de cuir mou, et qui se serroit avec une ceinture sur une veste rouge et verte; un petit casque, coiffant militairement bien; des cheveux coupés autour du cou, qui cachoient les oreilles et étoient faciles à tenir propres; tel étoit l'uniforme du soldat : il étoit vêtu en un clin d'oeil ; car il n'avoit que deux pièces d'habillement, et leur ampleur lui permettoit de se garnir par dessous contre le froid, sans déroger à l'uniformité. Maintenant on lui fait changer cet équipage leste et guerrier contre l'antique habit allemand, que le Russe a en horreur: il faut qu'il couvre de farine et de suif ses cheveux blonds qu'il aimoit à laver chaque matin; il faut qu'il consacre une heure à boutonner de maudites guêtres noires, qui lui serrent le gras de jambe. Le soldat russe murmure hautement: il est probable que les fausses queues, qu'on lui suspend par force au chignon, occasionneront autant de désertions que les catogans de St. Germain [35]. Ce vieil original de maréchal Souvarow dit, en recevant les ordres pour établir toutes ces nouveautés, et de petits bâtons pour mesure et modèle des queues et des boucles de cheveux: *La poudre de perruquier n'est pas de la poudre à canon; les boucles ne sont pas des canons; et les queues ne sont pas des bayonnettes*: ces bons mots assez sensés, qui, en russe, sont une espèce de proverbe rimé, passèrent de bouche en bouche dans les régimens, et furent la véritable raison qui engagea Paul à rappeler Souvarow et à lui donner sa démission. Ce vieux guerrier est l'idole du soldat russe.

Il en est de même des changemens qu'il fait dans le civil: il ne veut pas améliorer, mais changer. Il suffit qu'une chose ait été sous le règne de sa mère, pour qu'elle ne puisse subsister sous le sien. Tous les tribunaux, tous les gouvernemens de l'empire, ont été refondus et transférés: celui qui avoit été, par son nom, consacré à la gloire de Catherine (*Ekathérinoslaw*), a été aboli; et cet affront public à la mémoire de sa mère en est un pour le coeur de Paul [36]. Qu'on juge de la confusion, des ruines, des injustices, des malheurs, qu'entraînent en Russie de pareils déplacemens : la révolution française n'en a pas autant causés pour tout régénérer, que l'avénement de Paul pour tout empirer. Plus de vingt mille gentilshommes se sont trouvés sans emplois.

Si ce nouveau règne est funeste aux armées et aux pauvres gentilshommes, il se montre jusqu'ici plus funeste encore aux malheureux paysans, dont il s'efforce de river les chaînes. Si Paul avoit un exemple à prendre de la Prusse, c'étoit sans doute celui du traitement qu'elle fait éprouver aux Polonais, que la perfidie a soumis à sa domination [37]. On peut dire que le gouvernement prussien donne aux serfs polonais plus de liberté, que Kosciuszko vainqueur n'eût pu leur en procurer. Le roi de Prusse, bien loin d'imiter Catherine, ou Paul, qui distribue aux courtisans ces esclaves, pour les livrer à une tyrannie partielle plus insupportable, les a réunis à ses domaines; et ils éprouvent un sort infiniment plus doux qu'auparavant [38].

Le bruit s'étant répandu que Paul alloit restreindre le pouvoir des maîtres sur leurs esclaves, et donner aux paysans des seigneurs les mêmes avantages qu'à ceux de la couronne, le peuple de la capitale se livra à de grandes espérances. En ce moment, un officier part pour son régiment qui étoit à Orembourg. Dans sa route, on l'interroge sur le nouvel empereur et sur les nouveaux réglemens: il raconte ce qu'il a vu, et ce qu'on dit, entré autres, de l'oukas qui doit bientôt paroître en faveur des paysans. A ces nouvelles, ceux de Twer et de Novogorod se livrent à quelques mouvemens tumultueux, qui sont envisagés comme des signes de rébellion. Leurs maîtres sévissent contre eux. On découvre la cause de leur erreur, Paul envoie aussitôt le vieux maréchal Repnin avec des troupes contre quelques hameaux, dont les pauvres habitans s'étoient réjouis un peu tumultueusement de ce que leur nouvel empereur vouloit, disoit-on, adoucir leurs chaînes. L'officier, auteur de cette fausse espérance, et qui l'avoit répandue innocemment, en racontant à son passage les nouvelles de la ville, y fut bientôt ramené chargé de fers, comme un criminel, fauteur de rébellion et prédicateur de liberté. Qui peut l'apprendre, sans frémir d'indignation! le sénat de Pétersbourg le jugea digne de mort, le condamna à être dégradé, à subir le knout, et aux travaux des mines, s'il survivoit à son supplice: cela, pour avoir dit, dans quelques maisons de poste sur la route de Pétersbourg à Orembourg, que le nouvel empereur, rempli d'humanité, alloit *restreindre le pouvoir des maîtres sur les esclaves!* Paul confirma ce jugement absurdement atroce. Voilà le premier procès criminel, dont on fait part au public; et certes il ne justifie que trop ce reste de pudeur, qui a fait jusqu'ici tenir secrets de pareils attentats. Le sénat a eu le front d'imprimer le sceau de la justice et des lois à un acte sanguinaire, qui, sous Catherine, se seroit commis sans doute, mais dans le mystère et le silence dont s'enveloppe le crime. — Mais laissons les cruautés de Paul pour revenir à ses ridicules.

Le plus saillant est cette manie, qu'il a, dès sa jeunesse, témoignée pour l'exercice et l'habillement du soldat, et qui a toujours augmenté depuis. Cette passion n'annonce pas davantage le général et le héros dans un prince, que le soin d'habiller et déshabiller sa poupée n'annonce une bonne mère de famille dans une petite fille qui passe la journée à ces jeux. On sait que Frédéric-le-grand, le plus savant guerrier de son tems, avoit, dès son enfance, une répugnance invincible pour tous ces détails de caporal auxquels son père vouloit l'assujettir : ce fut même la première source de cette inimitié, qui régna toujours entre le père et le fils. Le jeune Frédéric ne pouvoit qu'à la dérobée s'occuper d'histoire et de littérature avec son précepteur du Han. Frédéric-Guillaume regardoit tout autre livre que les pseautiers de David, et ses réglemens militaires, comme inutiles et dangereux; et lorsqu'il vit que le jeune Frédéric, ne se bornant pas à savoir jouer la marche des gardes, voulut changer son petit tambour en clavecin, et son fifre en flute douce, il lui interdit aussi la musique. Cette tyrannie paternelle fit un effet tout contraire à celui qu'on en espéroit : elle donna plus de force aux désirs comprimés de Frédéric. Il s'instruisit; il devint un héros; son père ne fut qu'un caporal [39].

SOLDATOMANIE.

Pierre III poussoit aussi jusqu'au ridicule la soldatomanie, et croyoit se proposer Frédéric pour modèle. Il aimoit les soldats et les armes, comme on aime les chiens et les chevaux. Il ne savoit qu'exercer ; il ne sortoit que dans un équipage de capitan. Eh bien! ce Pierre III, à la tête d'un régiment tant manipulé par lui-même, n'eut pas le courage de se présenter devant une jeune femme qui marchoit à sa rencontre, avec quelques compagnies de ces mêmes gardes, qui ne savoient pas l'exercice prussien. Il perdit, sans oser les défendre, la couronne et la vie. Certes on ne peut offrir un exemple plus local, plus fort et plus récent, contre cette soldatomanie, qui semble bien plutôt exclure le courage et les talens militaires que les supposer. Avoir un grossier surtout boutonné sur le ventre, porter un chapeau gras [40], et l'épée derrière le dos, est une chose bien facile à imiter. On peut même passer la journée à la parade, y rosser les soldats et bafouer les officiers; ce sera une caricature satyrique du grand roi, ce sera lui ressembler comme un recruteur qui affecteroit ses airs. Mais, dit Molière,

Quand sur une personne on prétend se régler,
C'est par les beaux côtés qu'il lui faut ressembler :
Et ce n'est pas du tout la prendre pour modèle
Que de tousser et de cracher comme elle.

Une chose beaucoup plus utile, et presqu'aussi facile, à imiter du grand roi, puisqu'elle ne demande ni talent ni génie, mais seulement de la bonne volonté, de l'amour pour la justice et de la patience, ce seroit de recevoir comme lui les suppliques et les lettres de ses sujets, mais surtout d'y répondre. On ne peut trop admirer avec quelle constance et quelle exactitude ce grand homme exécuta toujours cette résolution, qu'il avoit prise dès le commencement de son règne. Soit qu'il refusât ou qu'il accordât, soit qu'il trouvât la chose injuste ou fondée, il répondoit

à

à tout homme qui s'adressoit à lui. J'ai vu plusieurs de ces réponses admirables par leur sagesse et leur précision. Cependant Frédéric trouva encore le tems de faire et même d'écrire autre chose que des lettres. Il ne se levoit pas plus matin que Paul; mais il ne restoit qu'un quart d'heure à la parade, et souvent n'y alloit pas.

Rien ne seroit plus digne d'un autocrate russe que d'établir entre lui et ses esclaves une pareille communication, puisque les actes arbitraires et les violences publiques ne sont nulle part si criantes ni si fréquentes. Jusqu'ici tout homme qui avoit l'audace de présenter une requête directement à Sa Majesté tzarienne, même sous le règne de Catherine, étoit emprisonné. Paul, dès le premier jour de son avénement, parut abolir cette atrocité, et prit quelques papiers qu'on lui présenta. Il fit même construire une espèce de bureau sur l'escalier du palais, où chacun pouvoit aller jeter ses lettres: il fit publier qu'il les liroit toutes, et qu'après les vérifications nécessaires il donneroit une résolution. Il défendit en conséquence qu'on vînt à l'avenir l'interrompre à sa *Wachtparade*, et fit arrêter ceux qui osèrent encore l'approcher avec un papier à la main. Cependant la caisse du bureau se remplit, et Paul, y trouvant contre son attente plus de suppliques que de délations, se dégoûta d'y faire droit, et s'effraya de leur nombre. Il ne comprit pas qu'elles diminueroient, à mesure qu'il mettroit plus d'ordre et de promptitude à y répondre [41] : tout retomba dans le premier chaos; et les secrétaires chargés de l'examen de ces pièces sont, comme auparavant, les arbitres des malheureux qui ont recours à leur maître.

Les finances de l'empire épuisées par les prodigalités, et plus encore par les gaspillages du règne de Catherine, avoient besoin d'un prompt remède, et Paul sembla d'abord y penser. Moitié espérance, moitié terreur, les papiers de la couronne remontèrent un peu. On devoit croire que le grand-duc de toutes les Russies, qui, depuis trente ans, étoit obligé de vivre avec cent mille roubles de revenu, auroit au moins appris forcément l'économie: mais on le vit bientôt accumuler les trésors et répandre les graces avec autant de profusion et moins de discernement encore que sa mère. Les dépouilles de la malheureuse Pologne continuèrent à enrichir des hommes déjà trop riches [42]. Il faut connoître les sources intarissables, où puise un autocrate russe, pour n'être pas émerveillé des dons immenses qu'il fait à ses courtisans, et révolté en même tems du peu qu'il consacre au public, à la justice, aux justes récompenses et à la véritable bienfaisance [43].

La brusquerie avec laquelle Paul s'est emparé des rênes du gouvernement, l'effroi qu'ont inspiré sa sévérité et son activité connues, ont d'abord déjoué les intrigues ténébreuses des fripons et des coquins qui détournoient à leur profit les trésors de l'état. Ce seroit les doubler que d'en empêcher la dilapidation scandaleuse; et il est à croire que, tout étant renouvelé, les voleurs seront contraints pour un tems de suspendre leurs opérations : mais, connoissant une fois la marche de Paul, ils régleront la leur en conséquence; ils se creuseront d'autres mines, et se pratiqueront de nouvelles issues; le pillage et la prévarication se réorganiseront, et se réduiront en système comme auparavant. Le vol est un vice inhérent au gouvernement russe, et tient au caractère national, au défaut de mœurs, de probité et d'esprit public [44].

Il faut avouer que Paul est moralement mieux entouré que sa mère, et qu'il sera plus coupable qu'elle, s'il laisse régner les mêmes désordres. Il est vrai que Catherine prétendoit mener ses bêtes, et que Paul, au rebours, se laissera plutôt conduire par les valets que par des hommes d'état : la raison en est dans son amour-propre grossier; il seroit humilié de suivre les avis d'un homme qui voudroit paroître plus instruit que lui. Le personnage, qui a plus d'influence directe sur ses actions que n'en auront jamais ses ministres et même sa maîtresse, est un valet de chambre, Turc d'origine, fait esclave dès son enfance, et élevé chez lui. C'est ce Turc, nommé *Iwan Pawlowitsch*, que les généraux et les grands s'empressent maintenant de courtiser, comme la vraie source de la faveur particulière de Paul. L'amour est la plus forte et la plus excusable des passions: ses excès et ses abus paroissent aussi moins odieux; et jamais le règne des favoris ou des maîtresses ne sera si humiliant à supporter que celui des valets. Outre la mauvaise éducation qui prévient justement contre eux, le crédit qu'un prince leur laisse a toujours quelque chose de bas et de répugnant, qui rappelle la garde-robe [45].

NOTES
DU QUATRIÈME CAHIER.

―――――――

1.

C'est une opinion très-accréditée, à la cour de Russie, que Paul est fils de *Soltykow*, l'un des premiers favoris de Catherine. Physiquement, il n'a aucun trait de ressemblance avec Pierre III, mais encore moins avec sa mère : il eut le malheur d'être renié par l'un et détesté par l'autre.

2.

Ce ne fut pas avec cette lâcheté qu'en agit le duc de Wurtemberg, frère de l'impératrice actuelle. Catherine ayant voulu s'emparer de ses enfans, il déclara qu'il mourroit avant de les livrer : on n'osa le réduire au désespoir, et il partit avec eux.

3.

Plusieurs ont cru qu'il existoit un projet de s'appuyer de Potemkin pour deshériter Paul. Alexandre eût été proclamé tzaréwitsch, en même tems que Potemkin roi de Tauride.

4.

Je sais bien que Paul a été proclamé tzaréwitsch, ou héritier du trône. Mais quel droit invoquer dans un état qui n'en reconnoît aucun ? celui de la naissance ? celle de Paul est équivoque ; et, selon le droit de primogéniture, c'est un frère d'Iwan III qui seroit appelé au trône. Si la nation ? il faut l'interroger. Si le ciel ? il faut le faire parler ; et celui-là ne paroît guères s'expliquer qu'après l'événement.

Paul a entrepris d'ôter la confusion qui règne dans la succession des tzars, par un acte qu'il a promulgué à son couronnement, et qu'il avoit fait avec sa femme en forme de testament dès l'année 1788, par conséquent lorsqu'il n'étoit que grand-duc, et qu'il ne pouvoit disposer de rien. L'an 1788 est l'époque de la plus grande puissance de Potemkin. On voit que Paul s'attendoit alors à quelque malheureuse catastrophe, puisqu'il faisoit ces dispositions : il étoit alors question de le deshériter, et de partager l'empire entre son fils aîné et Potemkin.

Dans cet acte, Paul, n'étant que grand-duc, s'arroge le même droit que Pierre premier s'étoit attribué, celui de nommer son successeur. Il lègue donc l'empire à son fils aîné et à ses descendans mâles; puis, à leur extinction, à ses fils cadets et à leurs descendans mâles : à leur défaut, les descendans femelles doivent succéder, selon un ordre que Paul établit, en s'efforçant de prévenir et de régler tous les inconvéniens jusqu'à la fin des siècles.

Il est du droit naturel que le fils hérite de son père : mais il n'est d'aucun droit qu'un empereur puisse nommer son successeur et léguer un empire comme un champ. Supposons pourtant que ce pouvoir a été, par la *grâce de Dieu*, conféré aux autocrates russes ; comment l'un d'eux peut-il le leur ôter ou le restreindre, en nommant le successeur de son successeur ? Alexandre ou Constantin n'auront-ils plus le même pouvoir que Paul ? n'est-ce pas un crime de lèze-majesté que de le supposer ? Voilà les inconvéniens où se perdent ceux qui se fondent sur des erreurs et des préjugés, et méprisent les droits imprescriptibles des nations et de la nature. Les loix qu'ils font émaner de leurs têtes n'ayant aucun appui que la force qui les promulgue, elles cessent avec elle. Dans cent ans, un autocrate de Russie n'ira pas fouiller dans les paperasses de Paul, pour savoir ce qu'il doit faire. Mais il arrivera peut-être avant ce tems des événemens qui rappelleront aux Russes des idées plus simples et plus claires.

Notes.

5.

C'étoit, comme on l'a dit plaisamment, un garçon pâtissier qui proclamoit une servante impératrice de toutes les Russies. Et voilà ceux qui sont si fiers de leur naissance! et Marie, ne trouvant pas les maisons de Holstein et de Wurtemberg assez bonnes, veut que ses filles signent *Ramanow*!

6.

Si l'on peut avec justice hériter d'un trône, les frères du malheureux Iwan III, dont l'un vit encore dans quelque tour du Jutland, sont les vrais héritiers de celui de Russie. Il est bien honteux que le roi de Danemarck s'établisse ainsi le géolier des usurpateurs russes.

7.

O Dieu! que tes oeuvres sont belles! que la voie où tu conduis le juste est agréable et sûre! Au reste c'est, une généalogie de la famille de Pierre I à la main, qu'on peut juger de l'ordre et des droits de cette absurde série d'autocrates. Et tout cela en moins d'un siècle! et dans ce siècle!

8.

Et c'est dans une cour témoin de tant de forfaits encore récens ; dans une cour qui venoit de voir un père exécuter son fils, et une épouse étouffer son mari, sans compter les empereurs massacrés et les grandes-duchesses empoisonnées ; c'est dans cette cour, dis-je, qu'on affectoit une horreur si grande pour les scènes sanglantes de la révolution française ! C'est cette impératrice, souillée du sang de deux empereurs dont l'un étoit son époux et l'autre un enfant, qui avoit des convulsions de colère et les transports d'une *sainte* indignation, quand elle apprit que les Français avoient fait mourir un roi, et retenoient encore sa famille enfermée au Temple ! Au moins observa-t-on quelques formes envers ce malheureux roi : mais Pierre ! mais Iwan, l'innocent Iwan !

9.

Ses familiers avoient depuis long-tems son réglement militaire, qu'il mettoit en exécution à Gatschina et à Pawlowsky, et qui devint en un moment celui de toutes les armées russes.

Notes.

10.

Bobrinsky, fils de Catherine et d'Orlow, relégué à Rével pour des débauches de toutes especes, fut même appelé à la cour, fait major aux gardes à cheval, et traité en frère par le tzar Paul, qui vient de le disgracier.

11.

Ce ne fut que pour flatter la noblesse, qui possède les hommes; car il rendit le même oukas, quelques mois après.

12.

Ce projet de Catherine est indubitable: elle vouloit, à coups de canon, rechasser le roi de Prusse aux bords du Rhin. Pour lui faire sentir la nécessité absolue de retourner à la coalition, elle fomentoit des révoltes en Prusse, à Danzig et en Silésie.

13.

Ils perdoient, à cette époque, 60 pour cent.

14.

On dit cependant qu'il tire aujourd'hui de grands subsides de Pitt; mais c'est en marchandises anglaises, et Paul a établi des magasins où il les fait vendre pour son compte. Ce trafic de la couronne n'est pas nouveau : plusieurs peuplades de la Sibérie paient leurs impôts en nature; et le commerce de la Chine se faisoit pour le gouvernement, sous le règne d'Elizabeth. Il arriva même quelquefois que, le numéraire manquant, les officiers de l'armée furent payés en marchandises des magasins de la couronne, comme thé, étoffes et pelleteries. Les mesures de Paul sont infaillibles pour faire passer bientôt en Angleterre le peu de numéraire qui reste dans ses états; et il sera bientôt obligé de payer aussi son armée en quincaillerie anglaise.

15.

Il étoit dans l'hôtel de feu le comte d'Anhalt; il avoit, pour sa garde, un major qui mangeoit avec lui. On pouvoit le voir; il avoit plusieurs chambres à sa disposition, et s'occupoit à lire, à dessiner et à tourner. Le colonel, à qui les chasseurs qui le trouvèrent blessé dans un marais l'amenèrent prisonnier, est un jeune homme de mes amis plein de valeur et d'humanité. Il conserva un portefeuille de Kosciuszko, que nous feuilletâmes ensemble. Nous y trouvâmes plusieurs notes en italien et en français faites pendant un voyage en Italie, des remarques philosophiques, des extraits d'ouvrages, des tirades de vers français, des brouillons de différentes petites compositions : tout prouvoit que ce portefeuille avoit appartenu à un homme de mérite, de savoir, de goût et de sentiment. Il y avoit aussi plusieurs lettres écrites et cachetées, adressées à des femmes de Varsovie en français et en polonais, et les brouillons de quelques-uns des manifestes qu'il y avoit publiés ; le tout de sa main. Mon ami gardoit ce portefeuille, comme la relique d'un homme célèbre, qu'il avoit admiré en étant forcé de le combattre. Lorsqu'il fut mis en liberté, je fis naître l'idée à mon ami de rendre ces papiers à leur maître : il me semble qu'il le fit.

16.

Il prit l'un des gants qui couvroient encore les ossemens de son père, et le baisa plusieurs fois en pleurant. O Paul ! tu as donc le coeur d'un fils, tu as même paru quelquefois bon père, il ne t'eût allu qu'une autre mère et une autre éducation.

17.

Toutes les images de Pierre III avoient été proscrites des maisons impériales et de celles des particuliers : l'on ne sait où Paul avoit pu cacher celle-ci. Heureux à cette époque celui qui déterroit dans un grenier quelqu'un de ces portraits qu'on y avoit relégués : il devenoit bien vite le plus bel ornement de sa chambre. Les peintres de Pétersbourg ne pouvoient suffire aux copies qu'on leur en demandoit.

18.

Le général Ungern-Sternberg est Livonien, ancien ami et compagnon d'armes du général Mélissino. L'auteur de ces mémoires a été de sa société intime, et c'est ce qu'on avance ici pour donner plus de poids à ce qu'on va rapporter. Ungern étoit un des officiers allemands, que Pierre III estimoit le plus, et son aide de camp. Ce fut lui qu'il choisit pour l'accompagner dans une visite secrète qu'il fit à Schlusselbourg au malheureux Iwan, détrôné et enfermé par Elizabeth. Ils trouvèrent ce déplorable jeune homme dans un cachot, dont la fenêtre cachée par des tas de bois élevés dans la cour laissoit à peine entrer un demi-jour. Il étoit en veste blanche très-sale, et n'avoit que des savates aux pieds. Il avoit les cheveux très-blonds et coupés en rond comme ceux d'un esclave russe. Il étoit d'ailleurs assez bienfait, et son teint avoit une blancheur qui prouvoit que jamais rayon de soleil n'avoit lui sur son front. Il avoit alors vingt et quelques années, et étoit renfermé dès l'âge de quatorze mois: mais il avoit reçu des impressions et des idées qu'il conservoit encore. Pierre III, touché de son état, lui fit plusieurs questions, et entre autres celles-ci: — Qui es-tu? — Je suis empereur. — Qui t'a donc mis en prison? — Ce sont de méchantes gens. — Voudrois-tu redevenir empereur? — Oh oui! pourquoi pas? j'aurois de beaux habits, et des domestiques pour me servir. — Mais que ferois-tu, si tu étois empereur? — Je couperois la tête à tous ceux qui m'ont fait du mal. — Pierre III lui ayant ensuite demandé d'où il savoit tout ce qu'il disoit, il répondit que c'étoit la vierge avec les anges qui le lui racontoit, et il commença à battre la campagne en racontant ces prétendues visions. Quoique seul et renfermé dès l'enfance, il ne parut point effrayé à l'aspect de l'empereur et de ses officiers. Il considéroit leurs habits et leurs armes avec beaucoup de curiosité et de plaisir, comme auroit fait un enfant hardi. L'empereur lui demanda encore ce qu'il désiroit: il répondit, en son russe grossier, *d'avoir plus d'air*. Ungern fut laissé quelque tems à Schlusselbourg, pour gagner sa confiance et observer si son imbécillité apparente n'étoit point simulée, et il se persuada bientôt qu'elle étoit la suite naturelle de son genre de vie. Il lui donna, de la part de l'empereur, une robe de chambre de soie : Iwan s'en revêtit avec des transports de joie, courant par la chambre et s'admirant, comme un sauvage qu'on habille pour la première fois. Tous ses voeux se bornant à demander *plus d'air*, Pierre III envoya le plan d'un petit palais rond, au milieu duquel devoit être un jardin, avec ordre de bâtir aussitôt cette demeure pour Iwan dans la cour de la forteresse. Il est atroce que cette humanité envers un innocent ait servi de prétexte contre ce malheureux Pierre. On l'accusa de faire construire une prison pour y enfermer son épouse et son fils, et on l'étrangla.

19.

Pierre III n'avoit pas été couronné ; et c'est sous ce prétexte qu'il n'avoit pas non plus été inhumé à la citadelle avec les autres empereurs russes.

26.

Paul attendoit ces bataillons avec une impatience et une inquiétude marquées : ils marchèrent toute la nuit, et arrivèrent le matin. Le petit officier Ratikow, qui, pour tout mérite, eut le bonheur de lui annoncer cette arrivée si désirée, fut sur-le-champ créé chevalier de Ste. Anne, et fait aide de camp du grand-duc grand-duc. Ce ne fut que lorsque Paul se vit environné de sa petite armée, qu'il commença à agir comme il l'avoit fait à Gatschina.

21.

Parmi ces officiers intrus, aucun ne fit une fortune si rapide qu'Araktscheief. Il y a sept ans, que le grand-duc, désirant avoir une compagnie d'artillerie à son Pawlowsky, demanda au général Mélissino un officier en état de la former. Araktscheief, qui avoit été élevé au corps des cadets, et qui s'étoit rendu recommandable par ses progrès et surtout par l'ardeur et le zèle passionné qu'il avoit pour les détails de la discipline, lui fut donné. Malgré son infatigabilité, sa dureté et son exactitude dans le service, il fut du tems à pouvoir bien s'établir dans l'esprit de Paul. Plusieurs jolis feux d'artifice, qu'il composa avec l'aide de son ancien maître, pour les fêtes de Pawlowsky, et surtout cette fureur qui le tourmentoit pour l'exercice et l'engageoit à vexer le soldat jour et nuit, méritèrent enfin les bonnes graces du grand-duc. A son avénement au trône, Araktscheief fut fait major aux gardes avec rang de général, et nommé gouverneur militaire de Pétersbourg. Il reçut l'ordre de Ste. Anne, avec quelques milliers de paysans, et devint le bras droit de l'empereur. Araktscheief, avec qui le major M.. a servi au corps des cadets où il étoit sergent, étoit vraiment recommandable par les talens, les connoissances et le zèle, qu'il montroit alors : mais il est d'une brutalité révoltante, qu'il exerçoit déjà sur les cadets. Jamais poëte pindarique ne fut plus impérieusement tourmenté de son Apollon, que cet homme n'est obsédé de son démon martial. Ses fureurs et ses coups de bâton ont déjà coûté la vie à plus d'un malheureux soldat, sous les yeux même de Paul. Ce bourreau a même ramené dans le service russe une barbarie qu'on n'y connoissoit plus : il outrage et frappe les officiers à l'exercice. Cependant, à l'époque de sa faveur, pour se donner l'air d'un homme reconnoissant, il recommanda le général Mélissino, son ancien maître, avec lequel il s'étoit brouillé auparavant. Il vient d'être disgracié, puis rappelé et baronisé : c'est lui qui a passé en revue le corps de troupes envoyé en Allemagne.

L'histoire d'un autre de ces officiers mérite d'être rapportée par sa singularité. On verra par quelle voie on fait quelquefois son chemin.

Un des amis du major M.., en se promenant sur le port, y trouva un jeune homme de seize ans, qui avoit l'air d'être nouvellement débarqué, et qui erroit en désespéré le long du rivage, comme tenté de se jeter dans l'eau. Il l'aborde et l'interroge : le jeune étranger lui dit qu'il est Français, mais qu'il est né en Russie, et que le grand-duc a été son parrain ; que son père l'avoit envoyé, dès son enfance, pour être élevé dans un séminaire en France, d'où il s'étoit échappé pour revenir en Russie, mais que personne ne pouvoit lui donner des nouvelles de son père; qu'il étoit sans argent, sans connoissances, et qu'il ne lui restoit qu'à se précipiter. L'ami du major le console, l'emmène chez lui, et fait des recherches. Il apprend que son père, nommé le baron de Bilistein, a été effectivement précepteur du grand-duc, mais qu'il s'est marié depuis en Moldavie, où il est mort. Le major M..... et ses protections s'intéressent pour faire entrer le jeune homme dans les gardes, comme bas-officier. A la guerre de Suède, il suit son régiment, et est fait prisonnier à la défaite des galères russes. Il arrive, un an après, dans un état plus déplorable que jamais; et, pour comble de malheur, l'ami du major et ses autres protecteurs ne se trouvant plus à Pétersbourg, il ne lui restoit que le major M.....: tous les jours il venoit lui conter sa misère. Un matin, il le trouve occupé à lire la vie de *Jamerai Duval* et sa correspondance avec Mlle. *Sacalow*, depuis madame *Ribas*. M..... savoit cette dame amie de Mlle. *Nélidow*, maîtresse du grand-duc, et il lui vint une idée. Il dicte à Bilistein une lettre à madame l'amirale *Ribas*, où il lui dit, qu'ayant par hasard lu une de ses charmantes lettres à *Duval*, cette lecture avoit suspendu son désespoir, parce qu'il avoit pensé qu'une dame qui exprimoit si bien des sentimens de bienfaisance et d'humanité les avoit dans son cœur: en conséquence, il lui dépeignoit sa triste situation, et lui demandoit son appui pour être recommandé au grand-duc.

Madame *Ribas* le fait venir, l'envoie chez la *Nélidow* qui le présente au grand-duc. Il reçoit quelques cents roubles pour son équipage, et, par le moyen du comte Soltykow, il passe dans les bataillons de Pawlowsky, comme lieutenant. Il a vécu depuis un peu moins misérable, et a toujours montré beaucoup de reconnoissance. A l'avénement du grand-duc, il entra dans les gardes, comme lieutenant-colonel.

22.

Un Hogarth, qui verroit l'empereur autocrate et son fils cadet entourer une pauvre recrue, la tourner à droite, à gauche, la faire marcher en arrière et en avant, lui relever le menton, lui serrer la ceinture et lui remettre le chapeau, le tout en lui donnant quelques bourrades, auroit le plus beau sujet pour une carricature. Un émigré, nommé Lami, a eu la plaisante idée de dédier à Paul une mauvaise traduction qu'il a faite de l'explication des estampes d'Hogarth; je ne sais si c'est naïveté ou malice; mais le nom de Paul est parfaitement bien placé à la tête de cet ouvrage, dont la ridicule dédicace fait le complément. Paul n'y a pas vu plaisanterie; car il a envoyé une tabatière à Mr. l'abbé Lami.

23.

Voyez le chapitre suivant.

24.

On lui avoit parlé du général *Meyendorf*, comme d'un bon officier de cavalerie. Il lui envoie un courier; et Meyendorf, pressé d'obéir, se présente à la parade avec son ancien uniforme. Paul, furieux, fait de sanglans reproches à ceux qui lui ont recommandé cet homme, l'appelle *soldat de Potemkin*, et l'exile dans ses terres.

25.

Un autre Anglais fut rencontré par un officier de police, qui lui prit son chapeau rond. L'Anglais, croisant les bras et le regardant du haut en bas, lui dit, d'un air de compassion: *Mon ami, que je te plains d'être Russe!* Cet Anglais-là étoit, sans doute, depuis dix ans à Pétersbourg, *et n'avoit point de nouvelles de son pays*.

26.

C'est aussi le chapeau national russe; à une petite différence près dans la forme, qu'il falloit reconnoître, puisqu'elle empêchoit d'être insulté. Les boutiques de chapeliers ayant bientôt été épuisées de chapeaux à cornes, ceux qui n'avoient ni le tems, ni le moyen de s'en procurer, relevoient leurs petits chapeaux ronds avec des épingles, pour pouvoir traverser la rue en sûreté.

27.

On s'imaginera peut-être que ces chapeaux ronds étoient regardés comme le signe de quelque ralliement : point du tout ; c'est une aversion singulière que Paul avoit pour eux. Il leur avoit déjà déclaré la guerre à Pawlowsky, quatre ans auparavant. On verra dans le troisième volume, qu'ils ont aussi joué un rôle dans ma disgrace.

28.

C'est un bonheur que la chose ne soit pas arrivée aux ministres de Suède ou de Prusse : le dernier paroît disgracié de Paul, par un motif tout aussi noble. Le chapeau, la queue, le sac, les guêtres, et l'épée derrière le dos, qu'il fait porter pour uniforme, sont, dit-il, à la prussienne. Mr. de Tauenziehn paroît protester contre l'infidélité de la traduction, en se présentant à la cour dans un uniforme plus moderne et plus élégant : c'est là le crime pourquoi Paul a exigé son rappel.

29.

Un officier, traversant les rues en grande pelisse, avoit remis à son domestique son épée qui l'embarrassoit pour marcher, dans l'intention de reprendre l'épée et d'ôter la pelisse quand il approcheroit du palais. Il a le malheur d'être auparavant rencontré par l'empereur. L'officier fut fait soldat, et le domestique ou soldat officier en sa place!

30.

Pierre I faisoit donner, ou donnoit lui-même des coups de bâton à ceux qui se prosternoient ainsi devant lui.

31.

Lorsqu'on lui rapporta son épée, il ne voulut pas la reprendre, disant que c'étoit une épée d'or, reçue de l'impératrice, avec le privilège de ne pouvoir lui être ôtée. Paul le fit venir, lui remit lui-même l'épée, en lui disant qu'il avoit voulu donner un exemple, et n'avoit d'ailleurs aucune colère contre lui : mais il lui donna l'ordre de partir aussitôt pour l'armée.

32.

Déjà, comme grand-duc, Paul avoit du penchant pour l'étiquette. Etant à Montbelliard, il scandalisa une fois tout le monde, en prenant tout à coup par le bras un jeune officier de sa suite, qui jouoit aux cartes, et le mettant à la porte. Il dit à ceux qui jouoient avec l'officier : Messieurs, ce jeune fat n'est pas d'un rang assez haut pour faire cette partie-ci. Dans les bals de la cour, il falloit que les danseurs fissent toutes sortes de contorsions pour ne pas cesser en dansant de lui faire front, de quelle manière qu'il fût placé. Il n'y a que les ennemis de Paul qui aient le droit de lui tourner le dos ; mais je ne sais s'ils voudront en profiter dans l'occasion.

33.

Il a défendu depuis, par des oukas particuliers, de porter des fracs, des gilets et des pantalons. Il a défendu à l'académie de se servir du terme de révolution en parlant du cours des astres, et enjoint aux comédiens d'employer le mot de permission au lieu de celui de *Liberté* qu'ils mettoient dans leurs affiches. Il a défendu aux fabricans de faire aucuns rubans et aucunes étoffes tricolores quelconques.

34.

Aussi le soldat se croyoit-il, non sans quelque fondement, bien supérieur à ses voisins. Paul a eu la sottise de lui ôter cet orgueil national, en lui faisant imiter servilement les Allemands du siècle passé, que les Russes croyoient avoir laissés bien loin derrière eux. Paul en a agi comme un pédant, qui, pour punir un écolier présomptueux d'avoir appris trop vite à lire, le remet à l'a b c.

35.

Avant le règne de Paul, la désertion étoit presque inconnue aux Russes. Ils désertent aujourd'hui par pelotons, et arrivent en Prusse, où l'on en forme des régimens entiers. Je demandois à quelques-uns pourquoi ils désertoient. Comment, monsieur! dirent-ils : on nous fait exercer du matin au soir, sans nous donner à manger; l'on nous a pris nos habits, et l'on nous roue de coups.

36.

Il n'y a point de détails où cet empereur *microphile* ne soit descendu, pour montrer son envie contre la mémoire de sa mère. Les personnes, qui avoient été attachées à cette princesse, portoient des bagues, où la date de sa mort étoit émaillée. Son fils eut l'impudence d'en témoigner son mécontentement : il voulut qu'on portât des anneaux, avec ces mots : *Paul me console;* ils consolèrent si bien, qu'ils firent rire tout le monde.

Il a poussé cette impudeur filiale jusqu'à frapper de son improbation une société de Russes opulens, qui s'étoient réunis à Hambourg, sous les auspices de la légation russe, pour ériger un monument poëtique à la mémoire de Catherine. Les relations où le major M..... se trouvoit encore alors, et surtout ce qu'il devoit à deux amis, l'engagèrent à y contribuer. Les juges du lycée de Hambourg eurent le courage d'adjuger le second prix à la pièce qu'il envoya, malgré les sentimens proscrits qui perçoient dans la manière dont il célébroit Catherine, et son silence ou ses allusions sur le consolateur qu'elle a laissé (*a*). Le secrétaire de légation, en lui annonçant le succès qu'avoit eu sa pièce, lui apprit qu'on alloit l'envoyer à l'empereur, et *faire hommage à S. M. de ce monument, qui seroit magnifique, et coûteroit des sommes immenses*. Il le prioit en même tems de faire, à l'honneur de Paul, une ode pour mettre à la tête des pièces couronnées. M... refusa nettement ce nouveau tribut, qui eût été une lâcheté de sa part, puisqu'il venoit d'être enlevé à sa famille et injustement proscrit par l'empereur : mais, ne recevant pas la médaille qui lui avoit été adjugée, il somma le secrétaire de la lui faire parvenir, ou

---

(*a*) La devise de la pièce étoit : *Fuit illa et ingens gloria Russorum* ; et l'on y trouvoit ces vers :

    Mais j'entends retentir une voix gémissante ;..
    Je vois l'humanité plaintive et menaçante. —
    Barbares ! arrêtez : eh ! pour qui cet autel ?
    Voyez ces combattans, ces fers, ces feux, ces armes ;
        Ah ! mon sang et mes larmes
    Vont éteindre à vos yeux cet encens criminel !

Et ceux-ci :

    L'aigle puissant du nord, frappé dans sa carrière,
        Se rabat sur la terre :
    Il erre dans la nuit ; son astre s'est éteint.

qu'il réclameroit publiquement, dans les journaux, contre un procédé aussi indigne : il savoit que sa pièce avoit été répandue à la cour de Pétersbourg, et qu'on y avoit reconnu son nom, quoiqu'il eût eu la précaution de *l'anagrammatiser* ; et cela ne contribua pas peu à attirer l'anathême de Paul sur la société de Hambourg. Mais on craignit l'affront d'une pareille publicité : la légation envoya enfin la médaille avec de mauvaises excuses sur le retard de plus d'un an; avouant que l'empereur, ayant désapprouvé ce monument à sa mère, *l'illustre société* avoit craint son indignation. Le major M..... m'a communiqué lui-même ces détails et les lettres du secrétaire de légation.

37.

Que l'on compare à *l'oukas* de Paul, qui ordonne à tous ses sujets de se prosterner dans la poussière à son aspect, l'ordre que le jeune roi de Prusse vient de donner à ses ministres, en revenant de Pologne, où il avoit été indigné de trouver un peuple presque aussi avili que le Russe. Voici quelques fragmens de cet ordre remarquable, que je traduis. Voyez *Jahrbücher der preussischen Monarchie; Januar-Heft*, 1799.

„ Mes chers ministres d'état de Voss et de Schroetter! Pendant le voyage que je viens de faire dans les nouvelles provinces de Prusse, j'ai vu que la dernière classe de mes sujets dans ces contrées est dans un état de civilisation bien au-dessous de celui des autres provinces. Ces malheureux se distinguent bien désavantageusement par la malpropreté de leurs habits et de leurs demeures, *mais surtout par des manières rampantes et une humilité exagérée.....* Le dernier de mes sujets a, devant moi et devant la loi, la dignité de l'humanité.... Ceux de ces nouvelles provinces, méconnoissent encore cette dignité qu'ils doivent au sceptre prussien, parce que les sous-employés du gouvernement méconnoissent eux-mêmes leur vocation et abusent de leur autorité. C'est un proverbe parmi eux que les Polonais doivent être gouvernés avec le fouet; et j'ai entendu, plusieurs fois, des plaintes de pareils traitemens exercés sur mes sujets, tandis qu'on relayoit mes chevaux, etc. etc. etc. "

Voilà comme s'exprime un roi homme, qui a été révolté de voir un peuple d'esclaves se prosterner à ses pieds. Il enjoint à ses ministres de relever cette nation avilie, en l'instruisant, en la civilisant, et en punissant les abus de pouvoir. C'est précisément le contraire de ce que veut Paul *Temnoï*, ou le ténébreux.

38.

Tous les princes qui ont voulu relever le peuple et abaisser les grands, pour mieux établir l'autorité du gouvernement, ont toujours travaillé à réunir à leurs domaines les terres et les droits des seigneurs. Les autocrates russes tiennent une route opposée : ils distribuent les domaines de la couronne à la noblesse, pour la rendre mieux complice d'une tyrannie plus monstrueuse que ne le fut jamais celle de la féodalité. Par ce système atroce, ils se mettent eux-mêmes dans l'impossibilité de rendre un jour la liberté aux esclaves.

39.

Je connois de jeunes Russes, dont les mêmes raisons n'ont servi qu'à développer le génie : tel un arc excellent se relève sous le bras qui le courbe.

40.

Paul affecte de porter un chapeau crasseux : où est le mérite de cela ? Puisqu'il veut que chacun fasse son devoir, que ne fait-il brosser et vergeter son feutre par ses valets de chambre, en leur donnant, par ce service important, le moyen de mériter plutôt le rang de conseiller d'état ?

41.

Paul a quelquefois donné des ordres relatifs aux lettres qu'il avoit reçues : mais il n'y répond point. J'ai moi-même rédigé quelques demandes fort courtes, fort claires et fort justes, pour quelques personnes opprimées: elles sont restées sans réponses. Il faut maintenant imprimer, dans les gazettes de Pétersbourg, ses refus aux suppliques qu'il reçoit. De cette manière, le souverain, qui doit être à l'égard de son peuple ce qu'est un confesseur à son pénitent, publie lui-même le secret des familles, et trahit la confiance de ses sujets.

42.

J'apprends qu'à l'occasion de son couronnement Paul vient, entre autres gratifications, de distribuer à une vingtaine de personnes 82 mille *ames*. Cela veut dire, en langue humaine, qu'il a fait présent d'une étendue de terrain habitée et cultivée par 82 mille esclaves mâles; car, en Russie, une femme n'est point encore une ame. Par ce don, l'autocrate cède les droits particuliers qu'il prétend avoir sur ces malheureux, et sur les champs qu'on les force à cultiver; il ne se réserve que la souveraineté. Or, en prenant qu'une *ame esclave*, ou un paysan, ne rapporte que sept roubles d'argent net au corps, ou gentilhomme, qui la possède, (ce qui est une taxe très-modique), il résulte que l'empereur a donné pour 564 mille roubles de rentes claires et nettes des domaines de la couronne; ce qui fait, vu la nature du bien, un capital incalculable. Catherine, par de semblables profusions, avoit presque épuisé ses domaines : mais les starosties et les terres confisquées en Pologne sont le fonds où le généreux Paul puise maintenant. Il n'est pas besoin de remarquer qu'en Russie, ou en Pologne, une population de 82 mille mâles doit occuper une province immense.

43.

Tous les arrangemens que Paul a su prendre, pour rétablir une espèce d'équilibre entre la recette et la dépense, se réduisent enfin à un impôt exorbitant qu'il vient d'établir sur toutes les classes de ses esclaves. La capitation des malheureux serfs a été doublée, et la noblesse chargée d'un nouveau tribut, qu'eux seuls devront payer encore.

44.

Helas ! en écrivant tout ceci, je ne m'attendois guères à voir les mêmes infamies triompher sous un régime républicain, chez une nation régénérée.

45.

Cet *Iwan Pawlowitsch* est actuellement conseiller d'état, et a le titre d'Excellence. Plusieurs laquais, *Hof-* ou *Kammer-fouriers* parviennent, tous les jours, aux places les plus éminentes. C'est ainsi que les extrêmes se touchent, que la licence du moscovitisme ramène à cette égalité de droits, dont il a horreur: mais ici elle est une véritable calamité. Un grand seigneur russe avoit l'habitude de tendre une main amicale à chaque marmiton et à chaque frotteur qu'il rencontroit à la cour, les nommant *Bratt*, ou *Batiouschka*, (frère, ou papa). Quelqu'un s'étonnant de cette familiarité, le seigneur répondit: Eh! messieurs, c'est politique; d'ici à demain ces gens-là peuvent être mes collègues. Telle est l'égalité russe: c'est celle de Tarquin qui abat les têtes les plus élevées de ses pavots; ou celle d'un sultan, qui fait son premier visir de l'un de ses porteurs d'eau. Cela est dans l'ordre: le sultan et le porteur d'eau turcs, le *Kniaiss* et *l'Estopnik* (a) russes, sont le plus souvent égaux en science et en mérite.

(*a*) Laquais qui chauffe les poêles de la cour.

CINQUIÈME CAHIER.

PAUL DEVOIT-IL
CRAINDRE
LE SORT DE PIERRE III ?

PAUL DEVOIT-IL CRAINDRE LE SORT DE PIERRE III?

Parallèle entre Paul et son père. Portrait de l'impératrice actuelle, du grand-duc Alexandre, du grand-duc Constantin, de Zoubow, de N. Soltykow, d'Ostermann, de Samoïlow, de Markow, d'Arkarow, de Répnin, de Souworow, de Valérien Zoubow. Traits du caractère de Paul et de ceux de ses principaux courtisans ou ministres. Son portrait. Anecdotes sur sa conduite, étant grand-duc.

Paul a eu tant de ressemblance avec son père, dans la vie qu'il a menée comme grand-duc, et dans son début au gouvernement de l'empire, qu'en changeant les noms et les dates on pourroit prendre l'histoire de l'un pour l'histoire de l'autre. Tous deux furent élevés hors des affaires, et vécurent, autant que possible, loin de la cour : ils s'y trouvoient plutôt comme prisonniers d'état que comme héritiers du trône, et ils y reparoissoient de tems en tems comme des revenans, ou des étrangers. La tante du père (Elisabeth) agissoit précisément comme a fait depuis la mère du fils. On ne chercha qu'à prolonger leur enfance, à perpétuer leur nullité, et même à les faire haïr et mépriser du peuple et des grands. Tous deux eurent une grande vivacité de corps et une grande apathie d'esprit; tous deux, une activité qui, manquant de but et d'aliment convenable, dégénéra en turbulence : celle de l'un se noya dans la débauche : celle de l'autre se perdit dans les minuties. Une aversion décidée pour l'étude et la réflexion leur donna à tous deux cet engouement singulier pour les enfantillages militaires, dont Paul eût peut-être moins hérité, s'il avoit pu être témoin du ridicule qu'ils donnèrent à Pierre

Cependant son éducation a été beaucoup plus soignée que celle de son père. Il fut entouré dans son enfance d'hommes de mérite, et sa jeunesse annonça beaucoup de capacité : il est même à croire qu'il ne doit les bizarreries, qu'il a contractées depuis, qu'au genre de vie qu'il a été presque forcé de prendre ; aussi a-t-il sur Pierre III l'avantage de plusieurs belles connoissances, et surtout celui d'une sobriété et d'une régularité de moeurs d'autant plus louables qu'elles ont été jusqu'ici très-rares dans un autocrate russe. C'est à cette même éducation, et à la connoissance de la langue et du caractère de la nation, qu'il doit encore des différences plus heureuses entre lui et son père. S'il sait en profiter, il ne tombera point dans les mêmes imprudences.

Leur ressemblance dans leur conduite avec leurs femmes est ce qu'il y a de plus frappant, et leur rapport dans leurs amours ce qui est le plus singulier. Catherine et Marie étoient les plus belles femmes de la cour: elles ne captivèrent point le coeur de leurs maris. Catherine avoit une ame ambitieuse, un esprit cultivé, des mœurs galantes et aimables; elle inspira de la gêne et de l'éloignement à un homme qui n'aimoit que les soldats, le vin et le tabac. Il s'amouracha d'un objet moins respectable et moins difficile. La comtesse Woronzow, laide, grossière et bête, convenoit mieux à ses goûts de corps-de-garde, et fut sa maîtresse [3].

Paul ne trouvant dans son épouse qu'une beauté régulière, une douceur inaltérable, une complaisance infatigable, une épouse docile et une mère tendre, il s'en dégoûta pour s'attacher à Mlle. *Nelidow*, qui paroît avoir beaucoup plus de sympathie avec lui. C'est une petite laideron, qui semble racheter par son esprit et son adresse les disgraces de son extérieur; mais certes il faut ressembler à Paul pour en être amoureux [4].

Le père et le fils, en parvenant au trône, étoient également haïs et méprisés de la cour et de la nation, et tous deux parurent un instant ramener l'opinion publique en leur faveur. Les premières démarches de Paul semblent être calquées, mais corrigées sur celles de Pierre. L'élargissement de Kosciuszko et de plusieurs prisonniers fait penser au rappel de Biren, de Munich et de l'Estoc, avec cette différence que Pierre III n'a point obscurci ces actes de clémence ou de justice par des violences ridicules et des persécutions odieuses et sans motifs. Tous deux donnèrent des oukas très-favorables à la noblesse, mais dans un esprit bien différent et qui ne fait pas honneur à Paul. Le père donna aux gentilshommes russes des droits naturels, que tout homme devroit avoir; et le fils ne veut ramener que des distinctions surannées, devenues ridicules de nos jours [5]. Mais, où il se montra supérieur, ce fut dans sa conduite avec le clergé : loin d'insulter les prêtres russes, et de les forcer à se couper leurs saintes barbes, il donna les ordres de l'empire aux évêques pour les assimiler à la noblesse, et flatta la populace et la prêtraille en fondant des églises par inspiration divine [6]. Il en résulte que Pierre avoit la raison et le coeur plus sains, mais qu'il étoit imprudent; et que Paul a plus de malice et de préjugés, et qu'il est hypocrite.

Mais où sa grosse politique parut l'abandonner, parce qu'il fut emporté par sa passion dominante, ce fut dans ses opérations militaires. Le brusque changement de toute la discipline lui a fait, dans les armées, presque autant d'ennemis qu'il y a d'officiers et de soldats. La préférence qu'il donne aux vieux Allemands lui peut être aussi fatale qu'elle le fut à son père.

Où il se trouve bien au-dessous de lui, c'est dans la défiance et les soupçons qui le tourmentent sans cesse. Une des premières opérations de Pierre III fut d'abolir l'inquisition politique établie par Elisabeth; et Paul n'eut rien de plus pressé que d'organiser l'espionnage domestique, d'encourager les délations, et de récompenser les délateurs. La confiance aveugle du père le perdit; mais elle avoit sa source dans une bonhommie de caractère toujours respectable. La méfiance du fils ne le sauvera pas : elle provient d'une ame timorée, qui ne dédaigne pas d'avoir recours aux petits et méprisables moyens dont se servent les tyrans du dernier ordre, et qui par ses soupçons invite à le trahir.

En voyant entre ces deux princes tant de traits de conformité, on pourroit peut-être en conclure et en attendre la même catastrophe; mais elle n'est pas probable : du moins est-elle plus éloignée, et doit être amenée différemment. Autant Pierre et Paul ont de ressemblance ensemble, autant différent les personnes et les choses qui les environnent.

D'abord, le caractère de Marie, comme femme, est aussi opposé à celui de Catherine, que peut l'être celui d'une mère tendre et d'une épouse fidèle à celui d'une marâtre et de la meurtrière de son mari. La beauté d'ame en est le trait principal. Sa douceur, sa patience, sa modestie, ont été à l'épreuve des traitemens les plus durs et les plus bizarres, et peut-être en triompheront à la fin. Ses jours sont une suite de devoirs et d'occupations convenables à son sexe et à son état. L'éducation de ses enfans, dont elle a trop long-tems gémi d'être séparée, fait à présent son bonheur. Sa complaisance pour son époux lui a fait supporter les exercices et les fatigues les moins analogues à son sexe et à ses goûts. Combien de fois ne l'a-t-on pas vue le suivre à cheval dans les tristes campagnes de *Gatschina* et de *Pawlowsky*? Accablée de lassitude et de chaleur, quelquefois trempée de pluie ou couverte de neige, elle lui sourioit encore [7]. Elle est peut-être la dame de Russie la plus laborieuse et la plus occupée. La musique, la peinture, la gravure, la broderie, sont des arts où elle excelle, et qui charmèrent la triste solitude où elle vivoit. L'étude et la lecture sont pour elle moins une affaire qu'une récréation, et des détails domestiques et des soins de bienfaisance achèvent de remplir heureusement ses journées.

Grande, bien faite, et fraîche encore, elle est plutôt belle que jolie : elle a plus de majesté que de grace, et moins d'esprit que de sentiment. Elle est autant fille reconnoissante et soeur tendre, qu'épouse fidèle et bonne mère. Bien loin d'oublier sa patrie et ses parens, l'éclat qui l'environne, l'espace qui l'en sépare, ne servent qu'à rendre plus vifs encore son amour et ses souvenirs. Elle porte toujours sa nombreuse famille dans son coeur: ses correspondances avec elle lui font passer les heures les plus douces; c'est doubler son bonheur que de le partager avec ceux qu'elle aime. Elle n'a point, comme l'ambitieuse Catherine, caressé les Russes, en adoptant leurs moeurs, leur langue et leurs préjugés. Elle n'a pas recherché l'estime de cette nation, en affectant de mépriser la sienne et de rougir de son origine : mais elle s'est fait chérir par sa bonté et respecter par ses vertus [8]. On pourroit la plaindre encore comme épouse, si désormais l'amour de sa famille charmante ne devoit suffire à son bonheur : mais la Russie lui devra peut-être un jour le sien. —Sa fécondité assure une succession plus tranquille et plus naturelle; et le beau sang, qu'elle a transmis dans la branche de Holstein, adoucira peut-être la barbarie que lui avoient donnée les restes de celle de Romanow [9].

On voit, d'après cette esquisse, que Paul n'avoit rien à redouter de sa femme, quand même l'on eût encore eu plus d'amour pour elle et de haine pour lui. Les gardes, le peuple, eussent en vain prié Marie de monter sur le trône : elle eût rejeté avec horreur cette invitation. Cependant Paul n'a eu pour elle des procédés convenables, que lorsqu'il a paru la craindre [10] : on vit alors avec étonnement cet époux jusques là si dur et si bizarre changer de manière d'être avec elle. Il lui assigna d'abord la somme de cinq cent mille roubles pour ses dépenses particulières; encore, disoit-il, en attendant mieux [11]. Il s'empressa de faire revenir madame de Benkendoff, qu'il avoit chassée si grossièrement quelques années auparavant. Il nomma Marie supérieure du monastère des jeunes demoiselles, pour lui donner des occupations dignes de son coeur et de son sexe. En un mot, il parut pour elle, comme il auroit dû toujours être. Ce retour inespéré fit la plus grande sensation; et le vulgaire fit honneur à son coeur de ce qui n'étoit autre chose que l'effet de sa politique et même de sa crainte. Je souhaite que l'avenir me démente; mais il est au moins certain que Paul diffère ici très-sagement de son père, qui, à son avénement, continua de traiter sa femme avec la même grossièreté [12].

Nous avons vu que la mort a prévenu Catherine dans un autre dessein, qui eût été plus funeste à Paul, mais que la jeunesse et le bon naturel de son fils aîné rendoient vain, si toutefois l'on ne fût pas parvenu à corrompre ce jeune prince, qui, par la pureté de son moral et la beauté de son physique, inspire une espèce d'admiration. On trouvoit presque réalisé en lui cet idéal qui nous enchante dans Télémaque: cependant, quoique sa mère ait les vertus domestiques d'une Pénélope, il est loin d'avoir eu pour père un Ulysse et pour gouverneur un Mentor. On pourroit aussi lui reprocher les mêmes défauts que le divin Fénélon laisse à son élève idéal [13] : mais ce sont peut-être moins encore des défauts que l'absence de quelques qualités, qui ne se sont point encore développées en lui, ou qui ont été repoussées dans son cœur par les alentours méprisables qu'on lui a donnés. Il a de Catherine une grandeur de sentiment et une égalité d'humeur inaltérable, un esprit juste et pénétrant, et une discrétion rare; mais une retenue, une circonspection qui n'est point de son âge, et qui seroit de la dissimulation, si l'on ne devoit point l'attribuer à la position gênée où il s'est trouvé entre son père et sa grand'mère, plutôt qu'à son cœur naturellement franc et ingénu. Il a de sa mère la taille, la beauté, la douceur et la bienfaisance; mais aucun trait extérieur ne le rapproche de son père, et il doit d'ailleurs le craindre plus que l'aimer. Paul, devinant les intentions de Catherine en faveur de ce fils, a toujours eu de l'éloignement pour lui: il ne lui trouve ni son caractère, ni ses goûts; car Alexandre paroît se prêter par obéissance plus que par inclination à ce que son père exige de lui. Il est adoré du soldat, à cause de sa bonté, admiré de l'officier à cause de sa raison: il est le médiateur entre l'autocrate et les malheureux, qui, pour quelques riens, ont provoqué la colère et la vengeance impériale. Cet élève de la Harpe ne seroit pas grand-duc de Russie, qu'il inspireroit de l'amour et de l'intérêt. La nature l'a doué très-richement des plus aimables qualités; et celle d'héritier du plus vaste empire du monde ne doit pas les rendre indifférentes à l'humanité. Le ciel le destine peut-être à rendre trente millions d'esclaves plus libres, et plus dignes de l'être.

Au reste, il est d'un caractère heureux, mais passif. Il manque de hardiesse et de confiance pour rechercher l'homme de mérite ; toujours modeste et retenu ; il est à craindre que le plus importun ou le plus effronté, qui est ordinairement le plus ignare ou le plus méchant, ne parvienne à l'obséder. Se laissant trop aller aux impulsions étrangères, il ne s'abandonne pas assez à celles de sa raison et de son cœur. Il sembla perdre l'envie de s'instruire, en perdant ses maîtres, et surtout le colonel la Harpe, son premier précepteur, à qui il doit ses connoissances. Un mariage trop précoce a pu amortir son énergie ; et, malgré ses heureuses dispositions, il est menacé de devenir un jour la proie de ses courtisans, et même celle de ses valets.

Avec ce caractère, jamais il ne pensera lui-même au projet odieux que Catherine ne put lui inspirer. Cependant, durant l'agonie de cette princesse et les jours suivans, le grand-duc fut retenu auprès de son père avec des marques de tendresse qui ressembloient à de la défiance. A peine avoit-il une heure par jour pour voir sa

jeune

jeune épouse. L'empereur l'entoura d'officiers dont il se croyoit sûr, et éloigna de lui tous ceux qui n'avoient pas été ses espions : il lui ôta son régiment, pour lui en donner un autre, et le nomma gouverneur militaire de Pétersbourg, en lui donnant toutefois pour adjoint ou pour gardien le féroce Araktscheief. L'apanage du jeune prince, qui n'avoit été que de trente mille roubles [14], fut porté à deux cent mille; et son père, en le chargeant de plusieurs détails qui le retenoient auprès de lui toute la journée, voulut le surveiller lui-même. On ne peut que louer Paul de détourner, par des moyens aussi doux et aussi naturels, l'objet de ses injustes soupçons, et l'on admire ces témoignages subits de tendresse pour ses enfans, après avoir été quinze ans sans se sentir le courage de leur en donner la moindre preuve [15].

Le vulgaire, qui juge toujours d'après les plus fausses apparences, voyant dans le grand-duc Alexandre une retenue et une circonspection qu'il prenoit pour de l'orgueil, s'étoit d'abord engoué de son frère cadet Constantin. Ce jeune prince n'a point l'extérieur aimable et prévenant de son frère: mais l'étourderie lui tenoit lieu d'esprit; et la polissonnerie, de popularité. Ce fut ainsi que par affinité la prêtraille s'attacha jadis au malheureux *tzaréwitsch* Alexis, avec qui Constantin a plus d'un trait de ressemblance, surtout par son dégoût pour les sciences et par sa brutalité. Il avoit pourtant des germes de bonté d'esprit et de coeur, que ses premiers instituteurs ont négligés, et que le colonel la Harpe s'efforça vainement de faire éclore, en extirpant les ronces qui les étouffoient: il seroit bien heureux pour Constantin de les faire revivre, et de les cultiver lui-même, quand il sera dans un âge plus sensé.

Au reste, il est le fils, le digne fils de son père! mêmes bizarreries, mêmes emportemens, même dureté, même turbulence. Il n'aura jamais autant d'instruction et autant d'esprit: mais il promet de l'égaler et même de le surpasser un jour dans l'art de faire mouvoir une douzaine de pauvres automates. — Qui pourra jamais s'imaginer qu'un jeune prince de dix-sept ans, vif et vigoureux, qui vient d'épouser une jeune et jolie femme, se relevera à cinq heures du matin, la première nuit de ses noces, pour descendre dans la cour de son palais et faire manoeuvrer, à coups de bâton, une couple de soldats qu'on lui a donnés pour sa garde ? c'est ce qu'à fait le grand-duc Constantin. Je ne sais si cette fureur guerrière annonce un bon général ; mais elle est, à coup sûr, la preuve d'un très-mauvais époux [16].

Paul qui ne trouvoit dans sa famille aucun motif de redouter le sort de son père, ou tout autre parti dangereux, n'avoit également rien à craindre des grands. Il est vrai que chacun d'eux le haïssoit cordialement, et le tournoit depuis dix ans en ridicule à la cour de sa mère ; mais Potemkin n'étoit plus. La petitesse, dans le bien comme dans le mal, étoit le partage de tous ceux qui approchoient du trône ;

aucun n'avoit ni le génie qu'il faut pour faire une révolution, ni l'énergie que demandent les grands crimes. Catherine pouvoit, avec beaucoup plus de raison que la comtesse de Muralt, donner à ses ministres l'épithète qu'elle donnoit à ses beaux esprits [17]. Un léger croquis de chacun de ces messieurs suffira pour prouver ce que je dis.

Monsieur le comte et prince Zoubow, dernier favori en titre et en fonctions de la vieille Catherine, étoit un homme de trente et quelques années. Il étoit loin d'avoir le génie et l'ambition d'Orlow et de Potemkin, quoiqu'il ait à la fin réuni sur sa tête plus de puissance et de crédit que ces deux célèbres favoris. Potemkin dut presque toute sa grandeur à lui-même : Zoubow ne dut la sienne qu'à la décrépitude de Catherine. On le vit gagner en pouvoir, en richesses et en crédit, en raison de ce que Catherine perdoit en activité, en vigueur et en génie. Les dernières années de sa vie, ce jeune homme se trouvoit, à la lettre, empereur autocrate de toutes les Russies. Il avoit la manie de vouloir, ou de paroître tout faire: mais, n'ayant aucune routine des affaires, il répondoit à ceux qui lui demandoient des instructions : *Sdélaïte kak prégedé*, faites comme auparavant. Rien n'égaloit sa hauteur que la bassesse de ceux qui s'empressoient à se prosterner devant lui; et, il faut l'avouer, la bassesse des courtisans russes a toujours devancé et surpassé l'impudence des favoris de Catherine. Tout rampoit aux pieds de Zoubow : il resta debout, et se crut grand. Chaque matin, une cour nombreuse assiégeoit ses portes, remplissoit ses antichambres. Les vieux généraux, les grands de l'empire, ne rougissoient pas de caresser ses moindres valets [18]. Etendu dans un fauteuil, dans le plus indécent négligé, le petit doigt dans le nez, les yeux vaguement tournés vers le plafond, ce jeune homme, d'une physionomie froide et vaine, daignoit à peine faire attention à ceux qui l'environnoient.

Il s'amusoit des sottises de son singe, qui sautoit sur la tête de ses plats courtisans, ou il s'entretenoit avec un bouffon; tandis que des vieillards, sous lesquels il avoit été sergent, des Dolgorouky, des Galitzin, des Soltykow, et tout ce qu'il y avoit de grands et de lâches, debout, dans un profond silence, attendoient qu'il rabaissât les yeux pour se prosterner encore devant lui. Le nom de Catherine figuroit dans ses paroles, comme les noms de trône et d'autel dans les manifestes des rois. Il témoignoit à peine à l'héritier de l'empire ce respect extérieur, qu'il ne pouvoit lui refuser dans les cérémonies de cour, et Paul, le roi de Paul, fut contraint de s'assouplir devant un petit officier aux gardes, qui naguères lui avoit demandé grace pour avoir offensé l'un de ses chiens [19]. Le grand-duc Constantin lui faisoit une cour très-assidue, pour en obtenir de l'argent ou des faveurs pour ses protégés : tant il est constant que les ames les plus enclines à la tyrannie sont aussi les mieux formées pour la servitude.

Au reste, aucun des douze favoris ne fut si petit de corps et d'ame que Zoubow. Il put avoir des qualités occultes appréciées par Catherine : mais il ne montra ni génie, ni vertus, ni passions, à moins qu'on ne veuille compter la vanité et l'avarice qui le caractérisoient; aussi ne laissa-t-il pas de vide, en disparoissant de la place qu'il occupoit. Les monumens de son règne seront les trésors de sa famille, et les terres extorquées par son père aux possesseurs de sa province [20]. La mort de l'impératrice le replongea, en un moment, dans le néant dont l'amour l'avoit tiré : tel un papillon éphémère naît et brille à un rayon de soleil, et meurt et se décolore au premier souffle de vent. Il pleura Catherine, comme un fils pleure sa mère, et ce fut le seul moment où il parut intéressant. Il faut aussi lui rendre la justice qu'il reprit plutôt dans la foule, la place qui lui convenoit, que les courtisans n'osèrent reprendre la leur à ses côtés. Ils se montrèrent encore plus avilis, que lui humilié; et quoique, dès le premier jour, ses antichambres aient été désertes, on vit encore long-tems après, lorsqu'il paroissoit à la cour, la tourbe des badauds s'ouvrir et se prosterner devant lui, comme devant un souverain: tant il est difficile à des esclaves de se relever! Il faut encore lui rendre cette justice qu'il ne peupla point, comme un Mentschikow et un Biren, les déserts de Sibérie: mais il fit des actes d'injustice et de violence inquisitoriale, à l'instigation d'Esterhazy et des autres émigrés français; et les malheurs de la Pologne sont en partie son ouvrage.

L'empereur qui, au premier moment de son avénement, l'avoit traité avec une considération étonnante; qui l'avoit confirmé en termes flatteurs dans ses emplois; qui avoit donné à son frère le premier cordon de la Russie, seulement pour avoir fait un voyage à Gatschina; qui lui avoit à lui-même fait cadeau d'un de ses habits d'uniforme, l'empereur, dis-je, ayant mesuré son homme, vit qu'il n'en avoit rien à craindre. Le scellé fut subitement mis sur sa chancellerie; et ce fut le grand-duc Constantin, naguères son courtisan, qui exécuta cette commission d'officier de police avec toute la brutalité qui lui est naturelle [21]. Ses secrétaires furent scandaleusement bannis, ou chassés de la cour [22]; ses complaisans, exilés ou enfermés [23]; et tous les officiers de son état, ou de sa suite, qui étoient au nombre de plus de deux cents, furent obligés de rejoindre à l'instant leurs corps, ou de donner leur démission. Pour le chasser plus poliment du palais, où lui fit cadeau d'une grande maison, et tous ses commandemens lui furent retirés; Il ne donna lui-même sa démission d'une trentaine d'emplois différens, que lorsqu'il ne les avoit déjà plus. L'empereur créa Nicolas Soltykow feld-maréchal, et fit refluer dans ses chancelleries toutes les affaires militaires, que Zoubow en avoit détournées. Ce fut alors que l'on vit les abus et les désordres qui régnoient dans les expéditions. Le favori qui faisoit faire, pour son compte, une guerre en Perse par son frère [24], n'avoit pas daigné envoyer au collège de guerre les rapports ordinaires : il en avoit été de même pour les troupes qu'on faisoit marcher vers la Gallicie; de manière qu'au moment où l'on dut faire une nouvelle répartition de l'armée, on ne savoit où étoient la plupart des régimens, et moins encore l'état où ils se trouvoient. Les officiers, qui devoient rejoindre leurs corps, ne savoient de quel côté du monde prendre la poste pour les rencontrer, et assiégeoient en vain les bureaux pour s'en informer[25].

Quelques semaines après, Zoubow obtint la permission, ou plutôt reçut l'ordre de quitter la Russie. Il vint, comme tous ses prédécesseurs, étaler en Allemagne les brillans, les rubans et les portraits de Catherine : mais, de toutes les faveurs de sa vieille amante, les roubles sont celle dont il use avec le plus de discrétion. Après avoir traîné avec lui une fille déguisée en valet de chambre, il s'amouracha, à Toeplitz, d'une belle émigrée, nommée la Roche-Aimon : mais il y fit bientôt la connoissance des jeunes princesses de Courlande, qui, avec les graces et la beauté dont les a pourvues leur mère, et les trésors que leur laissera leur père, se trouvent les plus riches partis de l'Europe. Il chercha alors à faire sa cour au vieux duc, qu'il venoit de dépouiller de sa souveraineté, et avec lequel il avoit affecté tant de hauteur à Pétersbourg. Le duc lui témoigna son ressentiment et son mépris : mais Zoubow, accoutumé à ne plus trouver d'obstacles, voulut enlever la princesse aînée de vive force... Soit que le duc s'en soit plaint à l'empereur, soit que Paul ait eu d'autres motifs, il expédia à Zoubow l'ordre de rentrer en Russie, et il est probable que le dernier favori de Catherine a joué son dernier rôle.

Le comte Nicolas Soltykow, feld-maréchal, ministre de la guerre, et grand maître des jeunes grands-ducs . . . .
. . . .
. . . .

Le vieux vice-chancelier Ostermann, que Paul se hâta de faire chancelier pour s'en débarrasser, accablé de vieillesse et d'infirmités, ne paroissoit plus à la cour que comme un souvenir du tems passé. Il étoit loin de jouer, sous Catherine, le rôle qu'avoit joué son père sous le règne d'Anne, et de mériter la disgrace de Paul, comme l'autre s'étoit attiré celle d'Elisabeth. Il n'avoit plus que le nom de vice-chancelier et l'expédition de quelques passe-ports qu'on lui faisoit signer. Les affaires diplomatiques et étrangères se distribuoient chez Zoubow entre Besborodko et Marcow, qui étoient les vrais rédacteurs des pièces ministérielles, et dont le premier surtout jouissoit d'un crédit immense qui avoit même balancé celui du favori.

Besborodko et Marcow étoient deux parfaits contrastes. L'un gauche, lourd, négligé, mal en ordre, les bas sur les talons, avec la démarche d'un éléphant: couvert d'un habit riche, il sembloit toujours l'avoir endossé au sortir d'une orgie, qui lui laissoit encore l'engourdissement du sommeil. L'autre, recherché en tout, jusqu'à pouvoir servir d'original ou de marquis ridicule dans quelque comédie, affecté jusqu'à la fadeur, n'entroit dans un sallon et ne saluoit que d'après les régles d'un maître à danser. Il ne marchoit que sur le bout du pied, ne prenoit du tabac que du bout des doigts, que pour mettre en évidence les brillans dont il avoit toujours les mains rayonnantes. Il ne parloit qu'à l'oreille, ne disoit que des bons mots, ne répondoit que par pointes, et mettoit dans l'esprit, qu'il attrapoit, la même recherche et la même afféterie que dans ses habits.

Besborodko, malgré ses moeurs dépravées, est actif et travailleur par boutade. Parvenu, du grade de scribe de chancellerie, à celui de premier ministre d'état [26], il a beaucoup de routine dans les affaires et de facilité à écrire; mais la négligence et le désordre de son extérieur se retrouvent dans toutes les administrations qui lui sont confiées, et notamment dans celle des postes de l'empire dont il est directeur général, et que tout le monde a la facilité d'inspecter [27]. C'étoit, avant lui, l'institution la mieux organisée de la Russie: elle en sera bientôt la plus délabrée. Son bureau est un gouffre dévorant, d'où rien ne reparoît; et l'une des commodités de sa maison, qui le caractérise le mieux, c'est qu'il y a une quantité d'issues et d'escaliers dérobés, par où il s'esquive en sortant ou se glisse en rentrant, pour éviter les malheureux qui l'attendent des jours entiers dans l'antichambre [28]. Il faudroit avoir le fil d'Ariadne, pour parvenir jusqu'à ce Minotaure: on le trouveroit sans doute, dans le fond de son labyrinthe, occupé à faire sa proie de quelque jeune fille.

Les mœurs de Marcow ne sont pas édifiantes; mais il ne court pas les *Métschansky* [29], comme Besborodko. Il s'est attaché à la tragédienne *Hus*, qui a beaucoup d'empire sur lui, et qui tâche au moins de rendre respectable la qualité de mère que son ami lui a souvent donnée [30]. Au reste, je ne regarde pas comme un grand mérite le talent qu'on attribue à ces deux diplomates de rédiger à l'impromptu, l'un en russe, et l'autre en français, les pièces ministérielles. Tout ce que j'ai lu de l'un et l'autre, surtout de Marcow, n'avoit ni style ni clarté : je ne parlerai pas de logique ; ce qu'ils avoient à dire étoit ordinairement trop absurde pour en comporter. D'ailleurs, la diplomatie russe, sous Catherine II, n'exigeoit pas de grands talens. Elle n'employoit que deux moyens plus efficaces que la raison et l'éloquence, la menace et l'argent, dont les effets sont toujours la crainte et la corruption. Il y a de quoi s'étonner de la prévention dont une partie de l'Europe, et surtout l'Allemagne, est imbue en faveur de la Russie. On s'imagine que le cabinet de Pétersbourg est composé d'hommes supérieurs : celui de Vienne fléchit sous son influence, et celui de Berlin n'a pu secouer encore la crainte et le respect. Certes, si les savans publicistes d'Allemagne voyoient de près ces hommes qui les éblouissent, ils seroient confus d'avoir pu prendre si long-tems l'éclat d'un trône pourri pour le flambeau du génie, du papier pour des trésors, des jactances pour de la grandeur, et de la présomption pour de la force.

Besborodko, qui avoit toujours porté des souliers et des boucles semblables à ceux de Paul, et qui étoit d'ailleurs très-riche et très-puissant, fut d'abord ménagé [31]. Marcow, qui n'avoit pas ces avantages au même degré, fut traité durement et disgracié avec éclat. C'est ce même homme qui fut envoyé de Hollande à Paris, où l'on s'en souvient encore sous le nom du *fade Marcow.*

Le comte moderne Samoïlow, procureur général de l'empire, n'avoit d'autre mérite que d'être neveu de Potemkin, et d'en avoir quelques faux airs dans la figure. Il étoit, par sa capacité, au dessous des devoirs de sa charge, qui le rendoit grand trésorier et chef du sénat et de tous les tribunaux de l'empire. On l'avoit rappelé malgré lui de l'armée, pour remplir tous
ces

ces emplois civils : il avouoit qu'il n'avoit pas les talens nécessaires ; mais c'est pour cela même qu'on l'avoit choisi ; car on vouloit un homme passif, hors d'état de contrarier les vues de Catherine ou de son favori. C'étoit chez lui que se rassembloit cette inquisition infâme, qu'Anne avoit créée sous le nom de chancellerie secrète, que Pierre III se fit un devoir d'abolir, que Catherine rétablit sous une autre forme, et dont Paul semble propager aujourd'hui les dignes membres dans les antichambres des maisons particulières. Celle de Samoïlow, qui est un des plus beaux palais de Pétersbourg, avoit des prisons secrètes pour détenir les dénoncés, en attendant qu'on en disposât à la sourdine. C'est apparemment pour cela seulement que plusieurs la regardoient comme une maison publique [32]. Au reste, Samoïlow étoit insignifiant, et pareil à l'âne portant les reliques. Paul, pour le récompenser de sa promptitude à lui faire prêter serment par le sénat, lui donna quatre mille paysans, sous prétexte que sa mère les lui avoit déjà promis. Quelques jours après, il fut brusquement déposé, et le prince Kourakin nommé à sa place.

Mais l'homme contre lequel le sang et les pleurs de mille victimes crioient vengeance, celui qui devoit tomber le premier sous le glaive de la justice, si Catherine avoit eu un successeur juste, ferme et humain, c'étoit Arkarow, gouverneur général de Pétersbourg. Cet homme, ou plutôt cette bête féroce, s'étoit fait connoître dès long-tems par une brutalité digne d'un bourreau d'Attila. Il étoit gouverneur de Twer, où il exerçoit un brigandage dont les détails feroient horreur et sembleroient incroyables, lorsque Catherine, sur la fin de sa vie, l'appela auprès d'elle. C'est l'homme qu'elle jugea digne d'être le gardien de sa couronne, lorsque la révolution française, les Zoubow, les Esterhazy, et peut-être ses remords, parvinrent à l'environner de défiance et de terreurs. Il déploya bientôt, dans un plus vaste champ, les horribles qualités qui avoient été le fléau des gouvernemens de Moscou et de Twer. A la mort de Catherine, à la chûte de Zoubow, à l'avénement de Paul, on ne douta point de la punition de ce monstre. Plusieurs victimes de ses tyrannies se jetèrent aux pieds de l'empereur, et lui demandèrent justice et vengeance. Il ne répondit point aux plaintes d'abus de pouvoir et d'oppression, mais il ordonna à Arkarow de payer quelques dettes. Ce vice-tyran étoit trop utile au régime que Paul alloit introduire, pour avoir autre chose à craindre. De tous ceux qui avoient eu la confiance de la mère, il fut, par une horrible exception en faveur de ses talens [33], le seul qui obtint celle du fils. Il fut confirmé, et même élevé à de nouveaux emplois. Cependant les plaintes des honnêtes gens et les cris du peuple se soutinrent contre lui. On disoit que Paul, en allant se faire couronner à Moscou, trouveroit la route pavée des suppliques, que les peuples présenteroient contre ce nouveau Séjan. Malheureux habitans de

Twer et de Moscou, c'est bien en vain que vous accourez au devant de votre *Gospoudar* pour lui demander justice! ces requêtes que vous jeterez à ses pieds, et ces fronts avilis que vous prosternerez dans la boue devant lui, ne pourront parvenir à émouvoir son coeur [34]!

A ces tableaux des quatre ou cinq personnages qui avoient la puissance en main, à la mort de Catherine, on voit que Paul n'avoit rien à craindre d'eux: tous étoient riches; aucuns n'étoient jeunes, et leur fortune étoit faite. Cependant on ne peut trop remarquer avec quel empressement Paul se hâta de gorger encore de biens les vampires de l'état, avant de les écarter. Ses motifs sont évidens; il les disgracia, aussitôt qu'il crut ne les avoir point à craindre. La mort subite de sa mère empêcha tout autre parti de se former à la cour; et il n'y avoit, à la tête des armées, aucun homme en mesure d'entreprendre quelque chose. Les trois *généraux en chef*, qui commandoient alors les principales armées de l'empire, étoient aussi éloignés ; l'un de l'autre, par leurs moeurs, leurs vues et leur caractère, que par l'immense distance qui les séparoit.

Le plus recommandable étoit le prince Nicolas Repnin, dont le nom a retenti si souvent dans l'Europe, à la suite de celui du célèbre Roumanzow [35]. Il étoit, avec ce vieux héros, le seul des fameux généraux de Catherine, dont la présence et la figure ne parussent pas le parfait contraste de leur réputation. Dans l'avant-dernière guerre contre les Turcs, il avoit joué un rôle brillant comme général, et imposant comme ambassadeur à Constantinople : il s'étoit ensuite distingué en Pologne par autant de politesse que de fierté. Il avoit depuis honteusement plié sous l'ascendant de Potemkin, qui le traitoit en bon homme du tems passé. Il obscurcit encore, dans ses vieux jours, le premier éclat de son caractère, par les sottises mystiques du martinisme et des illuminés ; et l'on ne sait si c'est l'humilité d'un dévot, la bassesse d'un courtisan, ou le stoïcisme d'un héros patriote, qui lui fit supporter les hauteurs humiliantes de Potemkin et la haine de Catherine, qui l'accabloit d'affronts, tout en se servant de ses talens militaires. Il s'étoit attiré cette haine, en se prononçant en faveur de Paul, et en lui conseillant de réclamer ses droits sur un trône, dont sa mère n'avoit été proclamée que tutrice et régente. Repnin joua un rôle très-secondaire dans la dernière guerre contre les Turcs, s'enchaînant lui-même au char de Potemkin, crainte de n'y être pas attelé; car sa manie étoit de servir malgré qu'on en eût. On le voyoit dans les antichambres des favoris traîner ses lauriers et ses cheveux blancs, plus empressé qu'un jeune officier qui eût eu sa fortune à faire. Qu'il y avoit loin du Repnin d'alors au Repnin ambassadeur à Varsovie, et recevant quelquefois le roi de Pologne en robe de chambre [36]! ou plutôt que c'étoit bien là le même homme; car c'est toujours le plus hautain, qui est le plus bas en effet.

Cependant, Potemkin s'oubliant à Pétersbourg dans les fêtes et les débauches, le vieux Repnin, qu'il avoit laissé à l'armée pendant son absence, s'émancipa au point d'oublier l'ordre qu'il avoit reçu de rester dans l'inaction. Il passa subitement le Danube, et, par une marche habile, surprit et battit la grande armée du visir Yousouf. Cette action heureuse et hardie fit reverdir les lauriers fanés de Repnin. La cour retentit de ses louanges: on comparoit cette campagne audacieuse et décisive à celles de Potemkin, qui s'étoit contenté de faire attaquer, chaque hiver, quelques places, dont les assauts avoient coûté tant de sang, et qui n'avoit jamais eu lui-même une armée turque à combattre. Réveillé de sa léthargie à ce coup qui l'indigne et le menace, Potemkin s'arrache à ses plaisirs et vole en Moldavie. Son entrevue avec Repnin fut une explosion terrible, que le vainqueur des Turcs reçut avec plus de fermeté qu'on ne s'y attendoit. Mais il fut expulsé de l'armée et forcé de prendre son congé, pour avoir remporté la victoire la plus décisive, et obligé les Turcs à demander une honteuse paix : tel étoit encore l'ascendant de Potemkin et la condescendance de l'ingrate Catherine. A la mort de Potemkin, qui suivit bientôt, il reparut à Pétersbourg, et vint prostituer encore sa vieillesse et sa gloire dans les antichambres de Zoubow, qui, flatté de voir Repnin au nombre de ses courtisans assidus, le fit nommer gouverneur général de la Livonie. Dans la consternation et la rage où le massacre des Russes à Varsovie jeta Catherine, il reçut ordre d'assembler les régimens de ses provinces et d'envahir la Pologne. Il étoit en ce moment le seul général de grande réputation, et le plus ancien à la tête de l'armée : il eut encore la gloire de voir sa souveraine forcée de l'employer malgré elle. Cependant la marche méthodique et prudente de Repnin en Lithuanie impatienta la vengeance de Catherine : elle vouloit du sang, le sang de tous les habitans de Varsovie ; et elle lâcha, d'un autre côté, ce forcené de Souvorow, qui se fit jusqu'à Prague une route pavée de cadavres. Repnin reçut alors le plus indigne affront, qu'il ait jamais dévoré, et le digéra, aussi bien que les autres. Souvorow fut créé feld-maréchal et commandant de celui dont il recevoit des ordres la veille, et dont il étoit méprisé [37]. Catherine ajouta même la raillerie à l'outrage, en faisant cadeau d'une maison à Repnin pour le consoler du passe-droit. L'armée entière étoit indignée : plusieurs généraux se plaignoient ; mais le comte Jean Soltykow prit avec fierté son congé. Repnin seul, Repnin le plus offensé, et le plus à même de le faire noblement sentir, qui pouvoit impunément montrer qu'il étoit susceptible de ressentiment et d'honneur, but stoïquement ou chrétiennement cette humiliation.

§ Paul, à son avénement, le créa enfin feld-maréchal ; et le dernier exploit militaire de Repnin a été de mettre à exécution militaire la fureur de Paul contre quelques villages du gouvernement de Nowgorod, qui parloient d'affranchissement.

Repnin, qui s'est montré aussi grand général que ministre impérieux et bas courtisan, a des qualités personnelles que réunissent peu de généraux russes. Il a de la noblesse dans la figure, dans les manières, et dans les procédés de détail. Il a de l'humanité dans le coeur [38], et il n'affecte point cette grossièreté moscovite de ses collègues envers leurs inférieurs [39], ni cette avidité spoliatrice qui les a toujours distingués. Au contraire, Repnin est compatissant et généreux, et la Lithuanie lui doit quelque reconnoissance: c'est lui, et le prince Galitzin, qui l'ont sauvée d'une ruine totale.

Un étranger, qui a entendu retentir le nom de Souvorow, et qui arrive en Russie, demande à voir ce héros. On lui montre un petit vieillard, d'une figure grêle et ratatinée, qui traverse les appartemens du palais en sautant sur un pied, ou courant et gambadant dans les rues, suivi d'une troupe d'enfans à qui il jette des pommes pour les faire battre, et criant lui-même: *Je suis Souvorow! je suis Souvorow!* Si l'étranger a de la peine à reconnoître dans ce vieux fou le vainqueur des Turcs et des Polonais, il ne lui sera pas difficile de soupçonner à ces yeux hagards et farouches, et à cette bouche écumante et horrible, l'égorgeur des habitans de Prague. Souvorow ne seroit que le plus ridicule bouffon, s'il ne s'étoit pas montré le plus barbare guerrier. C'est un monstre, qui renferme dans le corps d'un singe l'ame d'un chien de boucher. Attila, son compatriote, et dont il descend peut-être, ne fut ni si heureux ni si féroce. Ses manières grossières et burlesques ont inspiré aux soldats une confiance aveugle, qui lui tint lieu de talens militaires, et qui fut la vraie cause de ses succès. On le regardoit comme un homme heureux et hardi, qui, nourri dans les camps, ne connoissoit point la cour, et ne pouvoit faire ombrage aux favoris. Après s'être distingué comme partisan, il parvint, de grade en grade, à celui de général en chef. Il est d'une férocité naturelle, qui lui tient lieu de bravoure : il verse le sang par instinct, comme le tigre. A l'armée, il vit comme un simple cosaque : il arrive à la cour comme un ancien Scythe, ne voulant accepter d'autre logement que la charrette qui l'a amené. Raconter son genre de vie, seroit rapporter des extravagances ; et certes, s'il n'est pas fou, je mets en première ligne de ses qualités, celle de le contrefaire parfaitement ; mais c'est la folie d'un barbare, qui n'a rien de plaisant.

Il ne fut pourtant pas toujours heureux. Au siége d'Otschakow, les Turcs ayant fait une feinte sortie, il voulut les poursuivre malgré les ordres de Potemkin, espérant entrer dans la ville avec les fuyards. Il tomba sous un feu de mitraille, et sa colonne entière fut détruite. Il livra l'assaut d'Ismaïl, sans même avoir reconnu la place [40]; et ses exploits en Pologne sont ceux d'un brigand. Il se hâta d'arriver pour satisfaire la vengeance de Catherine, et massacrer les restes d'une armée déjà vaincue par Fersen, et privée du brave Kosciuszko qui faisoit toute sa force. Souvorow embrassant les habitans de Varsovie, et leur accordant grace sur les cadavres de vingt mille citoyens de tout âge et de tout sexe, ressemble à un tigre rassassié, qui joue avec sa proie sur les ossemens de son charnier.

Ses moeurs étoient aussi singulières que son esprit bizarre. Il se couchoit à six heures du soir, se levoit à deux du matin, se jetoit dans l'eau froide, et s'en faisoit verser quelques seaux sur le corps nud. Il dînoit à huit heures : son dîner, comme son déjeuner, consistoit en eau-de-vie et en quelques mets de soldat grossiers ; on trembloit d'être invité à un pareil festin. Souvent au milieu du repas, un de ses aides de camp se levoit, s'approchoit de lui, et lui défendoit de manger davantage. Par quel ordre ? demandoit Souvorow. Par ordre du maréchal Souvorow lui-même, répondoit l'aide de camp. Souvorow se levoit en disant : Il faut qu'on lui obéisse. Il se faisoit ainsi commander, en son propre nom, d'aller à la promenade, ou toute autre chose.

Pendant son séjour à Varsovie, une foule d'officiers autrichiens ou prussiens s'empressoit de voir cet original. Il s'informoit, avant de paroître, lesquels étoient en plus grand nombre. Si c'étoit les autrichiens, il se décoroit d'un portrait de Joseph II, entroit dans son antichambre en sautant à pieds joints au milieu du cercle de ces officiers, et leur offroit à chacun ce portrait à baiser en répétant : *Votre empereur me connoît et m'aime aussi.* Si les Prussiens étoient en plus grand nombre, il se passoit un ordre de l'aigle noir, et faisoit les mêmes simagrées. A la cour, on le voyoit quelquefois courir de dame en dame, et baiser le portrait de Catherine qu'elles portoient sur le sein, en faisant des signes de croix et des génuflexions. Catherine lui fit dire un jour de se comporter plus décemment.

Il est dévot et superstitieux. Il obligeoit les capitaines de faire la prière à haute voix devant leurs compagnies, et maltraitoit les officiers étrangers ou livoniens, qui ne savoient pas les prières russes.

Il visitoit quelquefois les lazareths du camp, se disant médecin. Il forçoit ceux qu'il trouvoit très-malades à prendre de la rhubarbe et du sel : il distribuoit des coups de verges à ceux qu'il ne trouvoit que foibles. Souvent il chassoit tout le monde hors de l'hôpital, en disant qu'il n'étoit pas permis aux soldats de Souvorow d'être malades.

Dans son armée, il fit défendre toutes les manoeuvres qui ont rapport à une retraite, disant qu'il n'en auroit jamais besoin. Il exerçoit lui-même ses soldats à charger avec la bayonnette, et de trois manières différentes. Quand il commandoit : *Marche aux Polonais !* le soldat plongeoit sa bayonnette une fois ; *Marche aux Prussiens !* le soldat devoit frapper deux fois ; *Marche aux exécrables Français !* le soldat devoit alors porter deux coups, et un troisième dans la terre, et y enfoncer et tourner sa bayonnette. Sa haine contre les Français étoit extrême. On a vu, dans quelques gazettes, la lettre qu'il écrivit à Charette.

Il écrivoit de Varsovie à Catherine, et finissoit souvent par ces mots : *Mère, fais-moi marcher contre les Français !* Il s'avançoit en effet déjà par la Gallicie à la tête de 40 mille hommes, lors de la mort de Catherine.

Souvent il parcouroit son camp, nud en chemise, montant à poil un cheval de Cosaque ; et le matin, au lieu de faire battre la diane ou le rappel, il sortoit de sa tente, et chantoit trois fois comme un coq : c'étoit le signal du réveil pour l'armée, et quelquefois celui de la marche et du combat.

Dans la foule des extravagances qu'il faisoit, ou des platitudes qu'il disoit, s'il se rencontroit un trait singulier ou frappant, tout le monde le répétoit ou l'admiroit comme un éclair de génie. Cet homme cruel a pourtant quelques vertus : il a montré un désintéressement rare, et même de la générosité, soit en refusant les dons de Catherine, soit en les distribuant autour de lui. Il égorgera le misérable qui lui demande

demande la vie; mais il donnera de l'argent à celui qui lui demande l'aumône: c'est qu'il estime aussi peu l'or que le sang humain. On le voit, presqu'au même instant, grincer les dents de rage comme un furieux, rire et grimacer comme un singe, ou pleurer pitoyablement comme une vieille femme.

Tel est le trop célèbre Souvorow. Il étoit brouillé avec sa femme, ne vouloit pas reconnoître un fils qu'il en avoit, et lui préféroit ses neveux, les princes *Gortschakow*; mais l'impératrice ayant fait ce fils officier aux gardes, il dit: L'impératrice veut que j'aie un fils; à la bonne heure, mais je n'en savois rien. Il avoit aussi une fille demoiselle d'honneur de Catherine, qui se distinguoit à la cour par son idiotisme. Son père, après une absence de plusieurs années, la fit venir dans une maison tierce pour la voir : Ah, mon papa, s'écria-t-elle, vous avez bien grandi, depuis que nous ne nous sommes vus! En français, cela eût été un joli calembour; mais en russe, ce n'étoit qu'une simplicité grossière, qui fit rire tout le monde.

Après la prise de Varsovie, il vint à Pétersbourg pour jouir de sa gloire : et ce Scythe, qui n'avoit jamais voulu habiter que son chariot, accepta alors un logement au palais Taurique, et endossa un superbe uniforme de maréchal que lui envoya Catherine. En recevant cet habit, il fit mille grimaces, le caressa, le baisa, fit des signes de croix dessus, et dit en le soulevant. Ah! je ne m'étonne pas qu'on n'en donne point un pareil au petit Nicolas Soltykow; cela est trop pesant pour lui.[41]

On a vu comment et pourquoi Paul le congédia à son avénement. Les murmures des soldats l'ont forcé depuis à le rappeler. Il va, dit-on, s'en servir comme d'un fléau pour châtier les Français.

Valérien Zoubow, frère du favori, commandoit l'armée qui faisoit la guerre en Perse.[42] J'ai parlé ailleurs de ce jeune homme libertin et gâté par sa faveur, mais bon, franc et courageux. Il avoit perdu un pied en Pologne, et c'est en béquilles qu'il alloit conquérir l'Asie [43]. L'un de ses couriers arriva au moment de la mort de Catherine, avec la relation d'une bataille. Paul lui envoya des cordons de Ste. Anne pour distribuer à ses officiers, et à chacun des colonels de l'armée en particulier l'ordre de ramener son régiment sur les frontières. Le général demeura seul dans son camp, sans savoir que devenir. Il suivit enfin son armée; et, arrivé à Pétersbourg, il donna sa démission. Il vit maintenant en Courlande, où il possède presque tous les domaines des anciens ducs.

Des généraux de ce caractère, et des armées éloignées et étrangères à ce qui se passoit à la cour, n'y pouvoient rien entreprendre. Le seul corps dont Paul avoit vraiment à craindre, c'étoit les gardes. Dès long-tems, ces quatre nombreux régimens, commandés par la première noblesse de l'empire, nourrissoient une appréhension de voir régner le grand-duc, et regardoient son avénement comme le terme de leur existence. Paul même ne cachoit pas son aversion pour eux; et la plus grande injure qu'il croyoit dire à ses officiers, et même à ses soldats, pendant ses manœuvres de Gatschina et de Pawlowsky, c'étoit ces mots: *Tu ne vaux rien que pour servir dans les gardes.* Les gardes lui rendoient le mépris qu'il affectoit pour elles, et donnoient par dérision à ses soldats l'épithète de *Prussaki*, les Prussiens. Il est certain qu'il eût moins fallu à ces successeurs des *Strélitsis* que les larmes d'une Elisabeth et les caresses d'une Catherine pour les émouvoir; et Paul ne se crut en sûreté, qu'après avoir, comme nous l'avons vu, distribué ses bataillons dans ces régimens redoutables, dont il s'efforça de chasser les anciens officiers et de caresser les soldats; mais c'est en vain qu'il leur distribue de l'eau de vie et des roubles; ces générosités ne gagnent que ceux qui l'approchent, et l'armée se plaint et murmure [44].

Paul, comme grand-duc, haï et méprisé de sa mère, humilié par les favoris, ridiculisé par les courtisans, vivant solitaire et oublié sous un règne brillant et fastueux, conservant des mœurs régulières et austères au milieu de la corruption et des désordres de la cour de sa mère [45], avoit besoin de bien peu de vertu et d'amabilité pour se faire plaindre par les gens sensés et désirer par le peuple. On auroit dû l'attendre comme un libérateur; cependant il étoit généralement craint et détesté comme un fléau: ses domestiques, ses officiers, ses courtisans, ses favoris, ses enfans même, chose horrible à dire, partageoient plus ou moins ces sentimens affreux. Le soupçon qu'il avoit de les inspirer l'aigrissoit et le rendoit peut-être incapable de les changer: mais, avec ce caractère, les traits de justice et de bonté qu'il laisse encore échapper sont plus frappans, et font regretter davantage les qualités qu'on auroit pu en attendre.

Avant son avénement, on redoutoit sa faveur: outre qu'elle attiroit souvent l'indignation de l'impératrice et du favori, cette faveur étoit à sa disgrace ce qu'est proverbialement le beau tems à la pluie, c'est-à-dire, qu'elle en étoit l'annonce infaillible. Jamais homme n'a montré tant de bizarreries et d'inconstance dans le choix de ses amis. Il se livroit d'abord avec une confiance et une familiarité sans réserve à celui qui paroissoit entrer dans ses idées; puis, se répentant de cet abandon, il regardoit bientôt cet homme comme dangereux, ou comme une créature de sa mère ou du favori, qui l'avoit flatté pour le trahir. Outre ceux sur qui les moindres bontés de sa femme, ou les amitiés de la Benkendorf, faisoient tomber les orages de sa colère, l'empire étoit plein de ses domestiques chassés, de ses favoris disgraciés, et de ses officiers renvoyés: c'étoit toujours celui qui avoit été le plus près de lui, qui avoit le plus à s'en plaindre; toujours celui qui avoit reçu le plus de graces, qui se trouvoit ensuite le plus malheureux. Après avoir parlé des ministres de sa mère, il ne sera pas hors de propos de dire un mot des courtisans qui se trouvoient en grace chez lui, lorsqu'il devint empereur, et qui seront sûrement quelque tems en crédit. On peut dire à sa louange, et à la leur, que la plupart de ces ministres valent mieux que ceux de la vieille cour.

Les deux princes Kourakin, qui tour à tour avoient été bien et mal avec Paul [46], sont les deux hommes qui ont le plus d'influence, après le valet de chambre dont j'ai parlé, et peut-être ceux qui méritent le mieux d'en avoir. Avant la mort de Catherine, quoique riches et puissans, ils n'avoient que des emplois de cour insignifians : l'un surtout menoit une vie retirée et philosophique, s'occupant des sciences et des arts, ou de l'éducation de ses enfans ; il étoit généralement respecté et estimé. Ses moeurs et sa manière d'être étoient bien différentes de celles de la plupart des seigneurs russes, dont les désordres, le jeu, le luxe et les folies, se disputent le tems et la fortune. En un mot, il paroissoit digne d'être à la tête des affaires : il s'y trouve avec son frère; l'un est vice-chancelier de l'empire, et l'autre, procureur général: c'est à eux qu'on doit attribuer ce qui se fera de bien.

Deux jeunes chambellans, qui étoient heureusement de service chez lui, lorsqu'y arrivèrent les couriers annonçant la mort de Catherine, furent soudain métamorphosés en généraux d'armée, et devinrent ses premiers aides de camp. L'un est Mr. Rastaptschin qui doit sa faveur à une lettre fort adroite, et qui aura besoin de renoncer aux trois quarts de son esprit et à la moitié de lui-même pour se la conserver [47]. L'autre est un jeune comte Schouwalow, que Paul venoit justement de reprendre en grace, après l'avoir long-tems méconnu, et à qui il fit présent d'un de ses propres habits pour servir de modèle aux gardes à cheval, dont il le nomma major: ce jeune homme y paroissoit, comme dans un sac, au milieu de la cour, et s'y trouvoit sûrement très à l'aise. Rien n'est si contrastant que la faveur égale de ces jeunes gens, puisque la cause de celle de l'un sembloit motiver la disgrace de l'autre. Mr. de Rastaptschin, il y a quelques années, étoit gentilhomme de service auprès du grand-duc à Pawlowsky. Ses jeunes confrères, et entre autres le comte Schouwalow et le prince Bariatinsky, regardant ce service comme une corvée difficile, parcequ'un mot dit à la grande-duchesse, ou un costume trop à la mode pouvoient les perdre, s'en dispensoient autant que possible, en se disant malades ou alléguant quelque autre raison. Rastaptschin, ennuyé à son tour de n'être point relevé, écrivit une lettre piquante au maréchal de la cour, où il railloit ses confrères sur les vrais motifs qui les empêchoient de venir à Pawlowsky: Pour moi, disoit-il en finissant, qui n'ai ni maladie v..... à traiter, ni chanteuse italienne à entretenir, je continuerai avec plaisir à faire leur service auprès du grand-duc. Ces traits sanglans portoient sur Schouwalow, et sur Bariatinsky que Paul ne pouvoit souffrir, quoiqu'il fût son parent. Le maréchal montra cette lettre à l'impératrice qui en rit d'abord : mais Schouwalow et Bariatinsky s'en trouvèrent offensés, et en demandèrent raison à Rastaptschin. L'affaire fit du bruit : Bariatinsky fut envoyé à l'armée, et Rastaptschin exilé de la cour pour un an. Le grand-duc le regardant dès lors comme son champion, s'obstina à ne point recevoir le service des autres gentilshommes de la chambre qu'il ne fût rappelé. Ainsi, pendant plus d'un an, ils faisoient toujours le voyage de Pawlowsky ou de Gatschina pour se présenter à la porte, et étoient aussitôt renvoyés.

Parmi les favoris de l'empereur, Mr. Pleschtscheieff est un vrai phénomène : il est le seul qui se soit toujours soutenu à la même distance. Il est vrai qu'il n'a jamais été en première ligne, mais aussi il n'a point essuyé d'orages. C'est un homme instruit et respectable, autant que peut l'être un courtisan. Il parle plusieurs langues, possède des connoissances géographiques et statistiques, et cultive la littérature. Il seroit à même de rendre des services à la Russie, si parmi ses bonnes qualités il comptoit celle d'oser dire la vérité : mais sa constante faveur semble malheureusement une preuve morale du contraire *.

Mr. Niéledinsky, qui a été compagnon d'étude et menin de Paul, étoit connu dans Pétersbourg par beaucoup d'esprit, et par des poësies érotiques où l'on trouve de la grace et du sentiment. L'empereur l'a nommé son secrétaire particulier, mais sans doute à condition qu'il tordroit le cou à sa muse ; elle l'a trop bien servi pour mériter une mort si dure. Il est au moins à souhaiter que Niéledinsky mette aujourd'hui en évidence et en pratique la sensibilité qu'il a montrée dans ses vers. C'est lui qui doit rendre compte des lettres et des placets : le sort de plusieurs opprimés est dans ses mains.

Mr. Nicolaï étoit venu en Russie comme gouverneur des jeunes comtes Rosoumowsky, qui le protégèrent ensuite. Recommandé

* Il vient enfin d'être aussi disgracié, et cruellement.

depuis par madame Prétorius, sa parente, femme de chambre de la duchesse de Wurtemberg, il fut placé auprès de la grandeduchesse en qualité de secrétaire : il fut baronisé en Allemagne, pendant le voyage du grand-duc; et, à son avénement, il devint conseiller d'état, directeur du cabinet de l'empereur [48], chevalier de S[te]. Anne, et reçut quelques centaines d'ames pour achever de corrompre la sienne [49]. Il est de Strasbourg et connu en Allemagne par quelques imitations de l'Arioste et quelques poësies assez jolies, quoique très-verbeuses. Il a été aussi obligé de sacrifier sa muse sur l'autel de la fortune, où elle-même avoit conduit l'ingrat. Je ne sais si la morgue politique qu'il s'est cru obligé de prendre le rend plus heureux; mais elle ne lui en donne pas l'apparence.

Mr. Danaurow, ci-devant bibliothécaire du prince de Wurtemberg, et depuis aide de camp de Paul, devint aussi un personnage important : mais je m'abstiens de parler plus en détail de ceux que je ne connois point assez pour asseoir un jugement quelconque sur leur mérite. Je remarquerai seulement que, dans les listes des graces ou des avancemens que l'empereur a faits depuis, je trouve grand nombre de personnes dont le mépris et la vengeance publique devroient être le partage.

On voit cependant que les alentours de Paul sont moralement meilleurs que ceux de sa mère [50]. Il est environné d'hommes instruits et même de mérite. Je dis *il est*, et peut-être faudroit-il dire *il fut*, car sa mobilité influe sur tout ce qui l'environne, et il ne laisse pas au mérite le tems de se corrompre à sa cour [51].

Le prince, que Paul semble avoir choisi pour le prototype de son règne et de ses actions, est Frédéric-Guillaume, père du grand roi de Prusse [52]. La même dureté, la même inflexibilité, la même austérité de moeurs, la même passion pour les soldats, se trouvent dans l'autocrate russe. Au reste, je crois avoir tracé le caractère de Paul en racontant ce qu'il a fait; sinon j'avoue l'ouvrage au-dessus de mes forces. On sait que rien n'est si difficile à peindre qu'un enfant dont la physionomie n'est point fixe : il en est de même d'un homme bizarre. Ce qu'on peut dire de plus indulgent, c'est que la révolution française, semblable à cette lumière céleste qui renversa jadis son patron *Saul* ou *Paul*, lui a frappé le cerveau et dérangé l'esprit. Elle avoit déjà troublé la tête de sa mère bien plus forte que la sienne. Pour sa figure, ce n'est pas lui qui se l'est faite : on prétend même que ce n'est pas son père; ainsi il seroit injuste de la lui reprocher. On se souvient que le peuple de Paris, s'assemblant autour de Paul jeune encore, crioit : Mon Dieu, qu'il est laid ! et qu'il avoit le bon esprit d'en rire [53]. Il n'a pas embelli, depuis qu'il est vieux, chauve et ridé. L'impératrice paroît à côté de lui comme une de ces dames, qui font peindre auprès d'elles un vilain petit nègre pour relever leur taille et leur beauté. La singularité qu'il affecte dans ses habits, la dureté qu'il a dans ses manières, rehaussent de beaucoup sa laideur. Sans en excepter les Kalmouks et les Kirguis, Paul est l'homme le plus laid de son empire; et il trouve lui-même sa figure si choquante qu'il n'a osé la faire empreindre sur la monnoie [54].

Voici quelques traits qui achèveront de peindre Paul par ses propres actions, et qui prouveront qu'il s'annonçoit, étant grand-duc, ce qu'on le voit être étant empereur.

Près de son château de Pawlowsky, il avoit une terrasse d'où il pouvoit voir toutes les sentinelles qu'il se plaisoit à poster partout où il y avoit place pour une guérite. C'est sur cette terrasse couverte qu'il passoit une partie de ses journées: l'oeil armé d'une lunette, il observoit tout ce qui se passoit autour de lui. Souvent il envoyoit un laquais à telle ou telle sentinelle lui ordonner de boutonner ou déboutonner un bouton de plus ou de moins; de porter l'arme plus haut, ou plus bas; de se promener plus ou moins de pas autour de sa guérite. Quelquefois il alloit lui-même à un quart de lieue porter ces ordres importans, bâtonnoit le soldat, ou lui mettoit un rouble dans la poche, selon qu'il étoit content de lui.

Ce Pawlowsky étoit un village ouvert: il y avoit des gardes qui inscrivoient tous les allans et venans. Il falloit dire où l'on alloit, d'où l'on venoit, et ce qu'on vouloit. Chaque soir, on faisoit une visite dans chaque maison pour s'informer s'il n'y avoit point d'étrangers. On arrêtoit tout homme qui avoit un chapeau rond, ou qui menoit un chien. Pawlowsky, qu'on aimoit à fréquenter à cause de sa belle situation, devint bientôt désert: on se détournoit pour n'y pas passer, et l'on fuyoit Paul du plus loin qu'on l'aperçût; ce qui redoubloit son dépit et ses soupçons. Il faisoit souvent poursuivre et interroger ceux qui cherchoient à l'éviter ainsi.

Il fit mettre un jour tous les officiers de son bataillon aux arrêts, parce qu'ils l'avoient mal salué de l'esponton en défilant après l'exercice, et les fit sortir et défiler devant lui pendant huit jours, les renvoyant chaque jour

jour au corps-de-garde après cette cérémonie, jusqu'à ce qu'il se fût fait saluer à sa fantaisie.

Faisant un jour exercer son régiment de cuirassiers, le cheval d'un officier s'abattit. Paul accourt furieux. — Relève-toi, misérable. — Monseigneur, je ne le puis; j'ai la jambe cassée. — Paul lui crache dessus, et se retire en jurant.

Passant une fois inopinément et furtivement devant l'un de ses corps-de-garde, l'officier, ne le connoissant point, ne fit pas sortir ses gens. Il revient sur ses pas, soufflète l'officier, le fait désarmer et mettre aux arrêts.

Il alloit un jour de Tsarskoé-Célo à Gatschina: le chemin passe au milieu d'une forêt marécageuse. Tout à coup, se rappelant quelque chose, Paul ordonne au cocher de retourner sur ses pas. *Le cocher:* Dans l'instant, monseigneur: le chemin est ici trop étroit. *Paul:* Comment, coquin; ne veux-tu pas tourner sur-le-champ? Le cocher, au lieu de répondre, se hâte d'arriver en un lieu où la chose fût possible : cependant Paul s'élance à la portière, appelle son écuyer, lui ordonne d'arrêter et de punir le cocher rebelle. L'écuyer l'assure qu'on va tourner dans le moment. Paul, écumant de rage, s'emporte contre l'écuyer: Tu es un gueux comme lui, dit-il; qu'il verse, qu'il me casse le cou; mais qu'il obéisse, et qu'il tourne, aussitôt que je le lui ordonne. Pendant cet accès, le cocher trouva le moyen de tourner; mais Paul le fit rosser sur-le-champ.

Dans une promenade, son cheval broncha: il ordonna à Markow, son écuyer, de le laisser mourir de faim. Le huitième jour, Markow fit le rapport qu'il avoit expiré, et Paul dit: *C'est bon!* Depuis son avénement, l'un de ses chevaux broncha encore sous lui, dans une rue de Pétersbourg: il descendit aussitôt, fit tenir une espèce de conseil par ses écuyers, et le cheval fut condamné à recevoir cinquante coups de gaule. Paul les lui fit donner en présence de tout le peuple, et les compta lui-même, en disant: *C'est pour avoir manqué à l'empereur.*

Paul étoit déjà, comme grand-duc, si scrupuleux observateur de l'uniformité dans les exercices, que, remarquant un jour de printems, que l'arc de Cupidon tendoit et soulevoit les chausses étroites de quelques-uns de ses soldats, il leur enjoignit à tous de le ranger sur la même cuisse, comme ils portoient le fusil sur la même épaule. On prendra sûrement ceci pour une plaisanterie polissonne: mais l'un des officiers présens m'a assuré la chose; et quiconque connoît un peu Paul la croira aussi facilement que moi.

Un jour, il rencontra dans les jardins un homme en chapeau rond, qui voulut l'éviter: il se le fit amener; et il se trouva que c'étoit l'horloger qui venoit remonter ses pendules. Après lui avoir fait un long sermon sur l'indécence des chapeaux ronds, il demanda quelques épingles à son épouse, et releva lui-même les ailes du petit chapeau, dont il fit une coiffure ridicule qu'il replaça sur la tête de son possesseur.

A travers cette foule de bizarreries, il laissoit éclater des traits d'humanité, des pensions qu'il donnoit aux malheureux, des hôpitaux qu'il fondoit pour ses soldats, des distributions de viande qu'il faisoit à ses pauvres officiers; et plusieurs traits de bienfaisance et de justice attestoient qu'il étoit encore plus capricieux que méchant.

NOTES
DU CINQUIEME CAHIER.

1.

On remarque ordinairement une opposition singulière entre les pères et les fils, qui ont quelque trait saillant dans le caractère. Le fils bien organisé aura souvent la vertu contraire au vice qu'avoit son père; surtout s'il en a éprouvé le ridicule, ou s'il en a été la victime. J'en pourrois citer ici des exemples particuliers bien intéressans pour moi: mais celui des trois ou quatre monarques prussiens, qui se sont succédés, est frappant. Frédéric I fut aussi remarquable par sa magnificence et sa politesse que son fils le fut par sa parcimonie et sa grossièreté: le grand roi évita ces deux extrêmes. Le grand-père protégea et honora les sciences avec ostentation: le fils les persécuta et s'efforça de les rendre méprisables: le petit-fils les chérit et les cultiva lui-même. Le premier fut un roi courtisan; le second, un roi caporal; le troisième, un roi héros. Ce contraste du père et du fils n'a pu, dès long-tems, se remarquer en Russie, où ils ne se sont point succédés; mais il va se montrer aujourd'hui d'une manière bien frappante. Catherine et Paul sont les deux extrêmes, et le grand-duc Alexandre promet d'être un jour l'heureux milieu qui les conciliera.

2.

Louis XIV, Frédéric le grand, comblèrent de biens et d'honneurs ceux qui avoient soigné leur éducation. Le vieux Aepinus, instituteur de Paul, est menacé du sort de Sénèque et de Burrhus; celui du colonel Laharpe et du major Masson, qui ont été auprès de son fils, seroit moins doux encore, s'ils retomboient entre les mains de Paul.

3.

Elle s'enivroit avec lui, et juroit comme un soldat: elle louchoit, puoit et crachoit en parlant.

4.

Il vient d'être infidèle. La Nélidow, qui vivoit assez bien avec l'impératrice, est renvoyée, et une jeune Lapoukhin se trouve favorite.

5.

Paul s'avise aujourd'hui de créer une noblesse héraldique en Russie! on n'y connoissoit point anciennement cette institution gothique. Le tzar Fédor avoit même fait brûler les diplômes dont vouloient se prévaloir quelques familles. Les Russes arrivent-ils déjà à leur 12e. siècle! C'étoit la seule nation de l'Europe, qui, dans sa marche rapide vers la civilisation, eut franchi cette sottise: pourquoi veut-on maintenant l'y ramener? — pour éloigner une révolution à la française!

6.

Un soldat aux gardes, ayant été en faction près d'une porte au palais d'été (vieux château de bois qu'habitoit Elisabeth), vint trouver son capitaine, sous prétexte qu'il avoit un secret à lui communiquer. Il lui révéla que, pendant ses heures de faction, il avoit vu de la lumière dans les salles abandonnées du palais, qu'on avoit frappé à la porte où il se trouvoit en faction, et qu'on l'avoit appelé par son nom. Il avoit eu le courage de regarder alors par les fentes de la porte, et avoit vu St. Michel. Ce saint lui avoit ordonné d'aller trouver l'empereur de sa part, et de lui dire qu'on eût à lui bâtir une église en cet endroit. Le soldat pria en conséquence d'en parler à l'empereur, ou qu'il seroit obligé de prendre cette liberté lui-même, pour s'acquitter de sa mission. L'officier rebuta le visionnaire, et le traita de fou; cependant il parla de cette aventure au major, qui trouva à propos de la raconter à Paul. Le soldat fut appelé : on lui fit répéter sa vision. L'empereur lui dit que St. Michel alloit être obéi, que lui-même avoit déjà été inspiré à lui bâtir une église, et en avoit déjà le plan. Il se fit effectivement apporter le plan d'une église qu'il avoit dans son cabinet. Ne croit-on pas lire un trait de la légende? Cette farce vient d'arriver à la cour de Russie, au mois de décembre 1796: l'auteur en a été en partie témoin. On démolit le palais; on commence à bâtir une église et un nouveau palais, qui sont dédiés à *monseigneur* St. Michel. — Gospodi Pomiloï (*)! Le miracle s'explique, lorsqu'on sait qu'un cousin du soldat étoit *Kammerlaquais* de Paul, et que, pour récompense, le soldat le devint aussi : il faut s'attendre à le voir bientôt conseiller d'état.

7.

Souvent il postoit la grande-duchesse sur une hauteur, pour servir de jalon, ou de point d'attaque à ses troupes : lui, en défendoit les approches. Je me

---

(*) Exclamation que font ordinairement les Russes en se signant à la vue de quelque chose d'extraordinaire. C'est un refrain des litanies. *Dieu, aie pitié!*

souviens qu'un jour il la plaça ainsi sur le balcon en ruines d'un vieux château de bois, autour duquel il fit toutes ses dispositions de défense. Il avoit laissé une partie de ses troupes au major *Lindener*, avec ordre de former l'attaque d'après son propre plan. Ce plan devoit faire la réputation du major, et Paul se préparoit aussi à la plus savante résistance. Cependant la princesse restoit plantée sur la tour, où une pluie abondante l'arrosoit. Paul couroit vers tous les points où il attendoit l'ennemi, et caracoloit aussi fièrement, au milieu de cette pluie, que Charles XII à travers les balles de mousquet. Mais les heures s'écouloient, la pluie redoubloit, et l'ennemi ne paroissoit pas. Paul, rempli de bonne opinion pour son Prussien, prétendoit qu'il avoit pris de savans détours derrière les bois, pour mieux le surprendre. En conséquence, il visitoit, changeoit et renforçoit à tous momens ses avant-postes, et envoyoit des partis faire des reconnoissances et battre l'estrade. Souvent une noble impatience l'emportant, lui ou son cheval, il couroit bien en avant à la rencontre d'un ennemi, dont la lenteur commençoit à l'inquiéter. Son impatience se changea bientôt en dépit et en fureur. Lindener s'étoit mis en campagne dès le matin, et avoit fait un long détour aux environs du village, par la campagne de Soltykow ; mais il s'étoit engagé avec sa colonne entre les haies des jardins, et, la confusion s'y étant mise, il ne sut par où déboucher, et manqua de terrain pour déployer. Les aides de camp, qui venoient à tout moment, de la part de Paul, lui donner des ordres et le presser, achevèrent de lui faire perdre la tête. Il ne trouva d'autre ressource que celle de feindre une colique horrible, de se sauver chez lui et de laisser là ses troupes. Paul, furieux d'avoir fait en vain de si belles dispositions, piqua des deux, et alla concentrer sa rage dans son palais, laissant sa femme, son armée, et ceux qu'il avoit invités à voir cette fameuse manoeuvre, percés jusqu'aux os. On étoit resté là depuis cinq heures du matin jusqu'à une heure après midi; et c'est à peu près ainsi que Marie passoit toutes ses matinées, avec une ou tout au plus deux demoiselles, dont l'une encore étoit la favorite et jouissoit de toutes les attentions de Paul et de ses courtisans.

8.

On ne peut trop s'étonner, qu'un homme de la trempe de Mirabeau ait pu, dans sa correspondance secrète, rapporter une anecdote aussi sotte sur le compte de la grande-duchesse de Russie. Le jeune homme, qui en doit être le conteur et le héros, n'a certes jamais approché de cette princesse, ni même de la cour de Russie : il n'y a aucune localité dans cette prétendue aventure, qui ne seroit que plate et ridicule, et ne mériteroit aucune attention, si Mirabeau ne l'avoit rapportée.

9.

Ce que je dis de cette princesse est un hommage à la vérité. Elle sait bien, et je sens mieux encore que ce n'en peut être un à la reconnoissance. Il faut avouer aussi que ses bonnes qualités sont singulièrement obscurcies par une petite vanité, qui la fait penser et agir comme une *parvenue*. La princesse Dorothée de Wurtemberg, devenue Marie de Holstein-Romanow, pourroit se passer de cette fierté gothique; car ses enfans, tout grands-ducs qu'ils soient, ne sont plus *chapitrables* en Allemagne.

10.

Ce tems fut bientôt passé. J'apprends que Marie a été mise, douze heures, aux arrêts, pour avoir donné à une de ses femmes un ordre insignifiant, que Paul trouva mauvais. On voit qu'un empereur si guerrier n'emploie que des moyens militaires, même dans sa chambre à coucher.

11.

Comme grande-duchesse, elle n'avoit eu que 60 mille roubles par an, et étoit, avec cette somme, plus généreuse, et faisoit plus de bien qu'aujourd'hui.

12.

Il faut pourtant convenir que Catherine, dont les amours avec Stanislas Poniatowski scandalisoient toute la cour, donnoit à son époux de bien fortes raisons de la maltraiter, et que Marie ne laissoit par sa conduite aucune prise sur elle.

13.

„ *Avec un cœur noble et porté au bien, il ne paroissoit ni obligeant, ni sensible à l'amitié, ni libéral, ni reconnoissant des soins qu'on prenoit pour lui; ni attentif à reconnoitre le mérite, etc. etc. etc.* ” V. Télémaque, livre seizième.

14.

La grande, la généreuse Catherine, dont la magnificence étonnoit l'univers, qui donnoit les roubles par millions à ses favoris, laissoit son fils et ses petits-fils manquer du nécessaire. Trente mille roubles en papier pour un grand-duc de toutes les Russies! cela revenoit à soixante mille livres de France. On les donnoit quelquefois en or ou en argent; mais ceux qui avoient la caisse des jeunes princes avoient soin d'agioter: cela se réduisoit dans leurs mains à environ la moitié de la somme.

15.

J'apprends que Paul vient de placer le grand-duc Alexandre dans la chancellerie de Besborodko, comme Frédéric-le-grand fut autrefois placé par son père dans celle d'un ministre, pour y travailler en qualité de simple écrivain. Que ce soit pour l'instruire, ou pour l'humilier et le punir, le jeune prince en vaudra un jour mieux.

16.

Quelque tems avant son mariage, on lui avoit donné un détachement de soldats pour l'amuser. Après avoir, pendant quelques mois, tourmenté ces malheureux, il s'emporta jusqu'à donner des coups de canne au major qui les commandoit : celui-ci eut le courage de s'en plaindre au comte Soltykow, et le favori le rapporta à l'impératrice. Elle fit mettre aux arrêts son petit-fils, et lui fit ôter ses soldats, qu'on ne lui rendit qu'à son mariage.

On pourroit rapporter plusieurs autres traits de ce jeune prince; mais ce ne seroit que copier les polissonneries les plus ordinaires d'un enfant sans éducation. Sa grand'mère s'en aperçut trop tard pour y remédier. Dans son enfance, il mordoit et battoit ses maîtres : aujourd'hui il frappe les officiers à l'exercice, et casse les dents aux pauvres soldats. Le roi

de Suède étant avec toute la cour au bal chez Samoïlow; il lui dit: Savez-vous chez qui vous êtes? chez
la plus grande p..... de la ville. La grand'mère le fit
mettre aux arrêts.

17.

On sait qu'elle les nommoit *Mes bêtes*.

18.

On a vu souvent ces valets repousser par des bourrades les officiers et les généraux, dont la foule assiégeoit les portes et empêchoit de les fermer.

19.

Paul avoit un chien qu'il aimoit. Ce chien, rô-
dant dans les corridors du palais, voulut enlever un
morceau de viande que tenoit un trompette de la
garde. Le soldat lui donne sur les oreilles avec son
instrument. Le chien arrive sanglant, hurlant, dans
les appartemens de Paul, qui, apprenant l'aventure,
en est furieux. Ah! s'écrie-t-il, tout ce qui m'appar-
tient, tout ce que j'aime, est en butte à la persécu-
tion; je n'ai qu'un chien, on veut le tuer: qu'on me

fasse venir l'officier de garde, et qu'il soit puni! Cet officier de garde étoit alors Zoubow, qui, apprenant les fureurs du grand-duc, fut se prosterner aux pieds de Nicolas Soltykow, son protecteur, pour qu'il vînt avec lui chez le grand-duc solliciter sa grace; ce que Soltykow eut de la peine à obtenir: car Paul étoit persuadé que l'on n'avoit battu son chien que par haine contre lui, et parce qu'il étoit détesté des gardes. Le trompette soutenoit qu'il n'avoit pas connu l'animal, et cela parut une nouvelle insulte à Paul, qui eût sûrement puni sévèrement, s'il en avoit eu le pouvoir.

20.

Le père de Zoubow fut fait sénateur; et, pour s'enrichir, il achetoit, ou se faisoit céder tous les vieux procès, et venoit les faire juger, ou les juger lui-même en sa faveur au sénat.

21.

Il est à remarquer que Zoubow, qui avoit tous les emplois, et les secrétaires toutes les affaires entre les mains, furent éloignés en vingt-quatre heures, sans leur faire rendre aucun compte, ni leur demander aucune information. On verra plus bas la confusion que cela occasionna.

22.

Les deux plus fameux sont *Altesti* et *Gribowsky*. Le premier est un Ragusain, que le ministre russe Bolkounow avoit pris à Constantinople dans un comptoir de marchand, pour l'employer dans sa chancellerie. Quand la guerre fut déclarée, il vint solliciter de l'emploi à Pétersbourg, et entra chez Zoubow dont la faveur s'augmentoit. Il savoit plusieurs langues, et avoit de l'esprit. Il fut bientôt le faiseur de Zoubow et même de l'impératrice. Une brochure qu'il écrivit en français contre le roi et les révolutionnaires de Pologne, où il traite le premier de factieux et les autres de jacobins, où il entasse les épithètes, les mensonges, les sottises et les flatteries, acheva de faire sa réputation et sa fortune. Ce libelle fut répandu comme un manifeste. Bientôt les rangs, les ordres et les esclaves, furent prodigués à Altesti. Non content de ces dons, il s'enrichissoit prodigieusement. Les confédérés polonais, les gouvernemens, les Cosaques, etc. s'empressoient d'acheter, à beaux ducats, ses services et sa protection. C'est lui qui avoit toutes les affaires de Pologne entre les mains; et c'est de lui que dépendoient la fortune, la liberté et la vie, puisqu'il dressoit les listes de proscription. Il devint d'une hauteur et d'une impudence rares. Une impertinence qu'il fit à un comte Golowin, qui eut le courage de s'en plaindre, le perdit enfin. Il eut l'ordre d'aller dans ses terres : mais Zoubow l'avoit

fait

fait revenir, et, quelques jours avant la mort de Catherine, il étoit sur le point de rentrer en emploi. Un des premiers ordres de Paul fut de lui enjoindre de partir dans vingt-quatre heures. Altesti a des talens; mais c'est un ingrat. Ce fut lui qui fit ensuite disgracier Bolkounow, son premier bienfaiteur.

L'autre secrétaire étoit un Russe, nommé Gribowsky. Il n'avoit point l'esprit de son confrère, mais peut-être un meilleur coeur. Il parvint à presque autant de crédit. Il étoit fils d'un pope, et avoit commencé par être copiste dans la chancellerie de Potemkin. En moins de deux ans, il parvint chez Zoubow au grade de colonel, et son luxe et ses dépenses étonnèrent et scandalisèrent toute la ville. Les plus belles dames le trouvoient charmant, et les plus grands seigneurs le cajoloient. Il entretenoit un orchestre et des bouffons, des maîtresses et des chevaux. Il donnoit, au printems, des soupers, où il y avoit des desserts en fruits qu'on n'eût point vus sur la table de l'impératrice; et je me trouvai à un pique-nique, où le dessert qu'il fournit étoit, vu la saison, estimé 500 roubles.

23.

Entre autres Kapiew, jeune homme qui mériteroit un meilleur sort, si son coeur valoit son esprit. On l'accusa d'avoir dit à l'un de ses amis qu'il rencontra affublé du nouvel uniforme de Paul: Bon jour, beau masque.

24.

A un dîner chez l'impératrice, pendant le séjour du roi de Suède, on parloit des nouvelles que venoit d'apporter un courier. Ce n'est rien, dit Zoubow à un Suédois, mon frère *nous* marque qu'il a gagné une bataille et fait la conquête d'une province: il n'y a rien de nouveau.

25.

C'étoit souvent le cas en Russie: mais voici qui surprendra davantage. Un Français, nommé le chevalier Roger, ayant, par le moyen du major M... sollicité le comte Soltykow de lui donner le poste de commandant de quelque place éloignée où il vouloit se retirer pour vivre à meilleur marché avec sa femme, le ministre donna ordre de voir s'il y avoit une pareille vacance. On lui dit que le fort Pierre et Paul, dans le gouvernement d'Orembourg, étoit dans ce cas, et Roger en fut nommé commandant. Il partit. Quelques mois après, le major M... reçut une lettre où Roger lui disoit: Je suis arrivé dans la contrée où devoit être ma forteresse; mais jugez de ma consternation;

j'ai appris que, depuis vingt ans, elle avoit été détruite par Pougatschew, et n'existoit plus : je me suis trouvé dans un désert avec ma famille sans asyle et sans ressources, et j'ai été obligé de revenir à Orembourg. Cette lettre fut montrée au ministre, qui fit donner à Roger un autre poste.

26.

D'abord écrivain dans la chancellerie de Roumanzow, il devint secrétaire de Catherine; et voici comme on raconte sa fortune. Ayant reçu ordre, un jour, de rédiger un certain oukas, il l'oublia, et reparut chez l'impératrice, sans l'avoir écrit. Elle le lui demanda : Besborodko, sans se déconcerter, tira de sa poche une feuille de papier blanc, où il se mit à lire, comme si l'oukas en question y eût été rédigé. Catherine, contente de la rédaction, demanda la feuille pour la signer, et fut fort étonnée de ne voir que le papier blanc. Cette facilité à composer sur-le-champ la frappa; et, loin de reprocher au secrétaire sa négligence ou sa supercherie, elle le fit ministre d'état, pour avoir su par coeur la formule d'un oukas, et pour avoir eu le front de lui en imposer.

27.

C'étoit précisément en traversant les terres du directeur général des postes, qu'on ne pouvoit jamais avoir de chevaux, et que les voyageurs étoient rançonnés.

28.

On conte qu'un solliciteur, ne pouvant l'aborder, s'avisa enfin de se glisser dans sa voiture et de l'y attendre. Besborodko, étonné de la hardiesse et de l'invention, écouta cet homme et lui promit de parler de son affaire à l'impératrice : mais l'homme ne voulut point quitter son poste, et attendit dans la voiture que Besborodko redescendît du palais, pour avoir une réponse. On dit qu'elle fut favorable.

29.

Nom du quartier, où les filles publiques de Pétersbourg sont en plus grand nombre.

30.

L'empereur, par un raffinement de vengeance, défendit à la Hus de suivre Markow dans son exil, disant qu'elle appartenoit à la cour et non pas à lui. Cette tragédienne, qui a beaucoup de talens, étoit parvenue à faire du théâtre français une aristocratie où elle présidoit.

31.

Il a été fait *prince* et mérite de l'être. Il est encore premier ministre de Paul, et c'est lui qui déclare, au nom de son maître, la guerre à la république française, en citant, pour la motiver, des décrets qui ne sont, je crois, connus que de lui. Il vient de mourir.

32.

Voyez la note concernant le grand-duc Constantin.

33.

Si l'on emploie le terme de talens pour un Arkarow, il ne faut pas se figurer pourtant qu'on veuille désigner un le Noir, un Sartines, ou quelqu'un qui ait de l'aptitude à maintenir l'ordre et la police établie. Le talent de l'inquisiteur russe n'est autre que celui d'un bourreau pour abattre ou frapper la tête que le soupçon lui désigne. Digne ministre de son maître, son caprice lui sert de loi ; et sa méchanceté naturelle, de raisons suffisantes.

34.

Il est disgracié, non pour ses crimes, mais pour une bagatelle.

35.

Je ne fais plus mention de ce vieux guerrier, que l'ingratitude de Catherine qui lui dut ses premiers triomphes, rendra à jamais célèbre autant que ses propres exploits. Il étoit lui-même mourant à la mort de l'impératrice, et, quoiqu'il eût le commandement d'une armée, sa débilité le mettoit hors d'activité. Paul porta pour lui le deuil trois jours, et le fit porter à toute l'armée. Depuis plus de vingt ans, il ne paroissoit plus à la cour, et menoit dans la retraite, ou dans les camps, une vie aussi égoïste que philosophique : car il fit moins d'honneur au titre de père et d'époux qu'à celui de général. Il se sépara de sa femme, et demeura étranger à sa famille, comme La Fontaine. L'un de ses fils, ayant fini ses études, vint le trouver à l'armée pour demander du service. Qui êtes-vous ? lui demande Roumanzow. — Votre fils. — Ah, ah! j'en suis bien aise : vous avez grandi. Après quelques autres questions aussi paternelles, le jeune homme demanda où il pourroit loger et ce qu'il avoit à faire. Voyez, lui dit son père: vous aurez sûrement au camp quelque officier de votre connoissance. — Un fait aussi singulier, c'est que son fils, Serge Roumanzow, revenant de son ambassade en Suède, demanda une lettre de recommandation à Nicolas Soltykow, pour se présenter à son père et en être bien reçu.

36.

Un jour, le roi venant lui rendre visite, il courut mettre une robe de chambre pour le recevoir. Après une légère excuse et une légère révérence, il tourna le dos au miroir, et se mit un doigt dans le derrière, offrant pendant toute la visite ce derrière et ce doigt à Stanislas qui avoit le miroir en face. Il reçut d'Artois à Riga presque aussi impoliment, feignant de ne pas le connoître, et le laissa seul près de la cheminée. Il fut piqué de l'air de supériorité que le prince français voulut prendre, et de ce qu'il n'avoit pas salué la garde qui lui avoit rendu les honneurs militaires.

37.

Souvorow se fit lire deux ou trois fois, à haute voix, en présence de son état major, le premier rapport que lui envoya Repnin, faisant mille bouffoneries, feignant d'être sourd pour que le lecteur élevât la voix, et s'étonnant de recevoir un rapport du prince Repnin qu'il railloit ainsi cruellement. Catherine fut toujours très-despote, et subordonna toujours l'ancienneté à la faveur. A la mort de Potemkin, Kamenskoi, l'un de ses meilleurs généraux, prit de droit le commandement de l'armée, et envoya le premier rapport en cette qualité. Il disoit: *Ayant pris le commandement, en vertu de mon ancienneté, etc.* Catherine écrivit à la marge, de sa main: *Qui vous l'a ordonné ?* Il parloit ensuite du désordre qu'il trouvoit dans les régimens; et Catherine mit encore en marge: *Il n'a osé rien dire du vivant du prince.* En réponse de son rapport, Kamenskoi reçut ordre de quitter l'armée.

38.

Surtout envers le soldat. En passant un régiment de cavalerie en revue, il disoit: Je ne m'informe que des hommes; car pour les chevaux, comme c'est le colonel qui les achète, je sais bien qu'ils sont mieux soignés.

39.

Sa manière d'être avec ses officiers choqua pourtant, en dernier lieu, les Prussiens qui ne connoissent pas la hauteur des généraux russes. On fut étonné à Berlin de voir Repnin se promener gravement revêtu de tous ses ordres, marchant seul quelques pas en avant, suivi d'un *Kniaiss* Wolkousky, son neveu, de plusieurs aides de camp, et du martiniste Thiemann, son secrétaire. Chaque fois qu'il se retournoit pour dire un mot, sa suite faisoit halte comme un peloton, et mettoit en même tems chapeau bas. Au reste, sa mission politique ne lui a pas réussi. Ce prince, feld-maréchal, ministre jadis triomphateur à Constantinople, et dominateur à Varsovie, n'a ni effrayé ni séduit le jeune et sage roi de Prusse, que Paul l'avoit chargé de contraindre à rentrer dans une coalition. Repnin éconduit à Berlin se rendit à Vienne, et l'on voit le succès de sa négociation. Mais un de ses secrétaires, qu'on me nomme Aubert, et qu'on dit Français, s'esquiva avec une partie des papiers et des secrets de la légation. Paul en a été furieux, et il a disgracié et congédié Repnin à son retour, pour n'avoir pas réussi à Berlin, et pour avoir employé un Français dans sa chancellerie : mais, par une clémence spéciale, il peut porter l'uniforme des armées qu'il a, quarante ans, commandées avec gloire.

40.

Il annonçoit ordinairement ses succès en deux ou trois mots, et souvent en deux mauvais vers russes burlesques. César écrivoit au sénat: *Veni, vidi, vici:* Souvorow pouvoit être avec raison plus bref du tiers que César, car il a toujours vaincu sans y voir. Il disoit lui-même: Kamenskoi connoît la guerre, mais elle ne le connoît pas; je ne la connois pas, mais elle me connoît; pour J. Soltykow, il ne la connoît ni n'en est connu. Quelques traits semblables, et quelques citations d'histoire ancienne, faites à propos, ont donné à Souvorow de la réputation. Ses partisans répandoient qu'il s'enfermoit souvent pour étudier les langues mortes et même l'hébreu. Il parle passablement français et allemand.

41.

Nicolas Soltykow étoit l'un des plus lésés par la promotion de Souvorow.

42.

Mon ami traite de cette expédition singulière, et vraiment aussi intéressante que lointaine, dont il sera question dans la troisième partie de ces mémoires.

43.

A la nouvelle de sa blessure, Catherine lui avoit envoyé son propre chirurgien, le cordon de St. André, le rang de général en chef, et 100 mille roubles pour les frais du pansement. Il en demanda encore 500 mille pour payer ses dettes.

44.

Pierre I avoit détruit les Strélitzy (archers); mais leur esprit revivoit dans les quatre régimens de gardes qui les remplacèrent. Les gardes composés d'hommes choisis, dont les officiers étoient tirés des plus riches familles (*), formoient une armée de près de dix mille hommes qui environnoit le trône. L'influence de ce corps suffisoit pour opérer une révolution : aussi est-ce lui seul qui effectua celles qui ont eu lieu depuis Pierre I.

12.

C'est une justice qu'il faut lui rendre. Et si sa passion pour la Nélidow lui fait manquer à sa femme,

(*) Pour être officier aux gardes, il falloit prouver que l'on possédoit au moins cent paysans, ou esclaves.

elle ne lui a du moins pas encore fait manquer publiquement au décorum ni à la décence. Au reste la Nélidow est disgraciée.

46.

Alexis Kourakin avoit souvent encouru la disgrace de Paul, à cause des attentions et des égards qu'il avoit toujours pour la grande-duchesse : mais il faut bien se garder de donner le titre de jalousie à l'humeur que cela inspiroit à Paul ; son caractère et celui de sa femme ne pouvoient donner lieu à la jalousie. L'humeur de Paul prenoit sa source dans ses soupçons politiques, et non dans son amour. Un jour, voyant sa femme parler bas près d'une cheminée au prince Kourakin, il entra en fureur. Vous voulez, madame, lui dit-il, vous faire des amis, et vous préparer à jouer le rôle de Catherine ; mais sachez que vous ne trouverez pas en moi un Pierre III. Ces paroles inconsidérées, échappées à sa colère, consternèrent tout le monde, et Kourakin se retira de la cour. Depuis ce tems, la grande-duchesse fut plus malheureuse et plus gênée encore. Il falloit, pour le moindre message qu'on avoit à lui faire, s'adresser chez son mari. C'étoit lui qui nommoit ceux qui devoient lui donner le bras pour la promenade, faire sa partie le soir, ou même l'entretenir pendant la soirée. A la fin, il trouva plus commode de lui

donner une espèce de sigisbé qui ne la quitte pas :
c'est le prince Neswitsky qui a été jugé assez insignifiant pour cela.

47.

Il a déjà été une couple de fois disgracié et rappelé.

48.

Ce qu'on nomme en Russie *le Cabinet* n'est pas le Conseil politique : c'est la chambre où sont les trésors, les bijoux, et les curiosités particulières du souverain.

49.

Il avoit déjà une terre en Finlande, province cédée par la Suède, où les paysans ne sont pas tout-à-fait réduits au même mode d'esclavage que les Russes ; et Nicolaï s'en plaignoit souvent, disant : *que ces gueux-là ne lui rapportoient presque rien, et prétendoient avoir des franchises.* Ceux qu'il vient de recevoir sont en Pologne : il pourra, à son gré, les séparer, les vendre, ou les faire travailler, comme ses animaux domestiques, à l'embellissement de ses jardins. Qu'on juge par ce trait de ce qu'est devenu en Russie ce Strasbourgeois, qui passe en Allemagne pour un philosophe, que tant d'écrivailleurs flagornent comme un Mécène. S'il vient à lire ceci, il admirera sans doute la modération avec laquelle on y parle de lui.

50.

Voici une plaisanterie, qui marque l'opinion qu'on avoit de la plupart des gens en faveur et en place à la cour de Catherine. Elle fut faite dans une société où l'on célébroit l'Epiphanie à la française, et où l'on proposa au roi de la fève de replacer les courtisans selon leurs talens et capacité.

„Zoubow n'a jamais servi de rien à l'état, et ne sert plus de rien à l'impératrice; depuis que les tribades Branicka et Pratasow remplissent les fonctions. On lui donnera quelques doses d'émétique pour lui faire rendre gorge, et on l'enverra aux bains de Baldone rétablir sa santé.

Le comte N. Soltykow, président du collège de guerre et gouverneur des grands-ducs, est nommé président du collège de médecine et diacre de la chapelle du palais. On lui laissera même la garde-robe des jeunes princes, à condition qu'il enfermera sa femme dans un couvent ou l'enverra aux petites maisons.

« Le comte Besborodko, premier conseiller d'état, etc. sera nommé cuisinier de la cour, à moins qu'il n'aime mieux devenir directeur de l'hôpital des femmes env..... où se trouvent toutes ses amies.

Le vice-chancelier Ostermann est envoyé à St. Denis, pour y remplacer l'épée de Charlemagne, qui étoit longue et plate comme lui.

Le prince Bariatinsky, maréchal de la cour, sera nommé grand-maître des hautes oeuvres. On veut établir un genre de mort plus doux que celui du knout, et il aura l'emploi d'étouffer et étrangler en secret ceux dont on voudra se défaire, soit un empereur ou son fils; à charge pourtant de ne pas les laisser crier, comme il fit il y a environ trente ans.

Le maréchal Souvorow sera établi boucher privilégié de chair humaine. On permettra à l'armée d'en manger en Pologne, où il n'y a plus que des cadavres.

Il sera nommé une commission d'*Outschiteli* (précepteurs) pour examiner si le prince Youssoupow sait un peu lire; et, en ce cas, on le fera souffleur des spectacles dont il est directeur.

Markow sera envoyé ministre à Paris, où il a déjà eu tant de succès. On espère qu'il sera propre à réconcilier la Russie avec la république française, parce qu'il a été le fléau des jacobins russes ou polonais contre lesquels elle se déclare aussi.

Samoïlow, procureur général, sera fait chevalier garde, parce qu'enfin il est assez bel homme, et qu'il ne faut pas davantage pour cela.

Koutousow, directeur du corps des cadets, au lieu du bon comte d'Anhalt, sera obligé d'élever un monument à son prédécesseur, qu'il s'efforce de ridiculiser et qu'il fait regretter tous les jours. Au reste, sa conduite est le meilleur panégyrique de la mémoire du bon d'Anhalt.

On laissera le corps d'artillerie au vieux général Mélissino, parce qu'il est le seul général d'artillerie qui sache son métier; mais à condition qu'il n'aura pas la disposition des sommes, et qu'il n'ira pas traîner ses cheveux blancs dans les antichambres des valets de cour. On lui recommande aussi de mettre moins d'artifices dans sa conduite, et moins de fumée dans ses artifices.

Madame de Liewen, gouvernante des princesses, gardera son poste, quoiqu'elle ait un peu l'air d'amazone; mais il viendra un tems où il sera bon de donner, même aux jeunes princesses, l'air un peu soldatesque (*).

La comtesse Schouwalow, grande maîtresse de la grande-duchesse Elisabeth, sera aussi confirmée; mais on lui enjoindra de ne pas permettre qu'à la table de cette jeune princesse les bêtes seules aient le droit de parler, à moins qu'elles ne le fassent avec bon sens, comme du tems d'Esope.

Le prince Repnin, pour avoir, un jour que le prince Potemkin demandoit un verre d'eau, ouvert la

---

(*) Ce tems est venu.

la porte pour répéter lui-même aux laquais cet ordre important, recevra le diplôme de premier valet de chambre des favoris; et cette charge équivaudra pour lui à celle de feld-maréchal. Cependant on lui arrachera la couronne de lauriers qu'il portoit sur ses cheveux blancs, parce qu'il a souffert, sans mot dire, qu'un bouffon lui passât dessus le corps, et que le don d'une petite maison a paru lui convenir et le consoler de cet affront. "

„ On donnera à Mr. Zawadowsky, directeur et spoliateur de la banque, l'ordre d'aller en Sibérie prendre des martres zibelines, pour réparer les fourrures de Sa Majesté, qu'elle n'aura bientôt plus le moyen d'entretenir autrement. Elle ne peut déjà plus en fournir à sa famille; et l'on sait que Zawadowsky est meilleur chasseur que financier. " etc. etc.

51.

C'est ce qui est arrivé. Les princes Kourakin, et la plupart de ceux que j'ai nommés, sont disgraciés au moment où j'écris.

52.

C'est de quoi il ne convient pas; car il dit un jour: *Je veux être Frédéric II le matin, et Louis XIV le soir.* Bien, bien! ce vous sera une bagatelle.

53.

Il a bien changé, ou plutôt il ose se montrer maintenant ce qu'il étoit peut-être déjà. Un malheureux soldat, dans l'horreur des tourmens qu'il enduroit sous le bâton par l'ordre de Paul pour une petite faute de service, s'écrioit dans son désespoir: Ah! maudite tête chauve! ah! maudite tête chauve! L'autocrate indigné ordonna qu'on le fît expirer sous le knout, et rendit une ordonnance par laquelle il défend, sous la même peine, de se servir de l'épithète de chauve, en parlant de tête, et de celle de camard, en parlant de nez. Il a apparemment lu qu'un saint prophète fit dévorer quarante-deux enfans par les ours, pour en avoir été ainsi injurié: et la tête d'un Paul vaut sans doute celle d'un Elisée.

54.

Les nouvelles monnoies ne portent point son effigie, mais seulement son chiffre, avec ces mots de l'écriture sainte qui n'offrent là aucun sens: *Pas pour nous, pas pour nous, mais en ton nom.* Apparemment que c'est quelque devise du *Martinisme* ou de *l'Obscurantisme*, dont Paul est protecteur. Il paroît même qu'il va fondre cet ordre avec celui de Malthe, dont il vient, à l'étonnement de l'Europe, de se déclarer grand-maître, au même instant où il s'allie avec les Turcs. O mes amis! retenez-vous de rire! Mais hélas! *Quidquid delirant reges, plectuntur Achivi.*

FIN DU TOME PREMIER.